VILLE DE SAINT-DENIS

LE

BUREAU DE BIENFAISANCE

DE LA

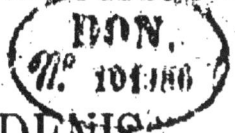

VILLE DE SAINT-DENIS

en 1900

GUIDE PRATIQUE

PAR

M. Gustave NOYELLE

Conseiller Municipal, Administrateur du Bureau de Bienfaisance

SAINT-DENIS

LIBRAIRIE CHICHEREAU, 78, RUE DE PARIS, 78

1900

VILLE DE  SAINT-DENIS

LE

BUREAU DE BIENFAISANCE

DE LA

 VILLE DE SAINT-DENIS

en 1900

—✳—

GUIDE PRATIQUE

PAR

M. Gustave NOYELLE

Conseiller Municipal, Administrateur du Bureau de Bienfaisance

—➤◆◄—

SAINT-DENIS

LIBRAIRIE CHICHERREAU, 78, RUE DE PARIS, 78

1900

AVANT-PROPOS

« Nul n'est indispensable »

Avec les nombreuses surprises que réserve le suffrage universel, il arrive fréquemment que tous les membres d'un conseil municipal se trouvent remplacés du jour au lendemain.

Très souvent, à une administration, composée d'hommes sachant administrer succèdent d'autres personnes animées sans doute de très bonnes intentions, mais ne connaissant rien des fonctions qu'elles ont à accomplir; de sorte que, pendant un certain temps, les nouveaux élus se trouvent sous la dépendance des employés qu'ils ont pour mission de diriger.

Il est nécessaire que le citoyen appelé à remplir une fonction municipale quelconque puisse, dès le premier jour, se rendre utile et que les différents services n'aient rien de caché pour lui.

C'est pour remplir ce but que j'ai groupé dans ce petit livre tous les renseignements pratiques nécessaires à un administrateur du bureau de bienfaisance.

Il serait utile d'établir un petit fascicule semblable à celui actuel pour chacun des services concernant « la Ville de Saint-Denis. »

En résumé : « LA MAIRIE CHEZ SOI. »

En même temps, ce guide pratique renseignera suffisamment le contribuable et pourra l'engager, sachant d'avance ce qu'il aurait à accomplir, à briguer les suffrages de ses concitoyens.

NOYELLE,
Conseiller municipal,
Administrateur du bureau de Bienfaisance.

Saint-Denis, 10 mars 1900.

BUREAUX DE BIENFAISANCE

RÈGLES GÉNÉRALES

CHAPITRE PREMIER

Organisation

Les bureaux de bienfaisance institués par la loi du 7 frimaire an 5 sont des administrations chargées d'organiser un service de secours.

Ces secours sont distribués aux infirmes, aux malades et aux nécessiteux.

Les commissions administratives du bureau de bienfaisance et de l'hôpital sont chargées de régir et d'administrer le bien des pauvres.

Elles ne sont point de simples mandataires de l'autorité municipale (1).

La distribution des secours publics appartient aux bureaux de bienfaisance en vertu de l'article IV de la loi du 7 frimaire an V.

Non seulement, les conseils municipaux n'ont pas le droit de se substituer aux bureaux de bienfaisance, mais en vertu d'une circulaire du Ministère de l'Intérieur en date du 25 Juin 1873, ils ne peuvant s'immiscer dans l'administration des bureaux de bienfaisance ni usurper ses fonctions sous le prétexte que les bureaux de

(1) Décision du Ministre de l'Intérieur du 22 mai 1828

bienfaisance sont plus ou moins subventionnés par la commune (1).

Le bureau de bienfaisance de Saint-Denis qui est administré par une commission administrative a une existence distincte de celle de l'hôpital.

Il constitue une personne civile capable d'acquérir, de posséder et d'ester en justice.

Composition

D'après la loi du 5 août 1879 qui régit les commissions administratives des établissements de bienfaisance, le bureau de bienfaisance comprend un membre de droit qui est le maire et six membres renouvelables.

Deux de ces membres sont élus par le conseil municipal, les quatre autres membres sont nommés par le préfet.

Ce nombre peut être augmenté mais seulement par nombre pair et en vertu d'un décret spécial rendu sur l'avis du Conseil d'Etat.

Gratuité des fonctions d'administrateur

Les fonctions d'administrateur du bureau de bienfaisance sont gratuites, aucune rétribution ne peut leur être accordée sous quelque forme que ce soit.

Délégués du Conseil municipal

L'élection des délégués du conseil municipal a

(1) Mais de ce que la commission administrative comprend une majorité de 4 délégués nommés par le préfet, sur la proposition du maire, il ne s'ensuit pas, comme quelques-uns se le figurent, qu'elle doive se mettre en opposition systématique avec le conseil municipal, ce serait mal interpréter la circulaire ministérielle rappelée plus haut.

lieu au scrutin secret de la même façon que pour la nomination des maires et des adjoints.

Les membres élus par le conseil municipal restent en fonctions pendant la durée du conseil municipal qui les a élus; ils suivent le sort de cette assemblée, même en cas de suspension ou de révocation de cette dernière, toutefois, dans ces deux derniers cas seulement, ils continuent leurs fonctions jusqu'au jour où le nouveau conseil municipal a procédé à la nomination de deux autres délégués.

Le Conseil municipal pour le choix de ses délégués a toute latitude. Il peut les choisir en dehors du Conseil. Il suffit seulement que les élus ne se trouvent dans aucun des cas d'incapacité prévus par les lois électorales.

Si un conseiller municipal délégué du Conseil au bureau de bienfaisance, venait à se démettre de ses fonctions de conseiller, cette démission n'entraînerait pas celle d'administrateur du bureau de bienfaisance; il continuerait à rester en fonctions pendant la durée du Conseil municipal qui l'a élu.

Délégués du Préfet

Les membres du bureau de bienfaisance nommés par le préfet sont nommés pour quatre ans et se renouvellent par quart chaque année.

Pour le choix de ces délégués, il est d'usage que le préfet demande l'avis du maire, MAIS RIEN NE L'Y OBLIGE.

Si dans l'intervalle quelques-uns de ces délégués nommés par le préfet étaient élus conseillers municipaux, leur situation d'administrateur ne serait en rien modifiée.

Cependant si le conseil municipal désignait l'un d'eux comme maire de la commune, ce dernier devrait se démettre de ses fonctions d'administrateur.

Un conseil municipal ne pourrait rendre une délibération déclarant que tel ou tel membre de la commission administrative arrivant à l'expiration de son mandat ne peut plus faire partie de la dite commission et que le Préfet veuille bien en désigner un autre. Cette délibération serait nulle.

Incompatibilités

Sont incompatibles avec les fonctions d'administrateur du bureau de bienfaisance et ne peuvent être membres de la commission administrative, les médecins, les pharmaciens, les fournisseurs, les débiteurs et les locataires de cet établissement et aussi toutes autres personnes qui pourraient être appelées à traiter avec lui.

En vertu d'une circulaire ministérielle du 24 novembre 1877, cette incompatibilité s'étendrait aux adjoints qui en cas d'absence du maire seraient appelés à le remplacer, afin d'éviter la réduction du nombre des représentants de la municipalité au sein de la commission administrative.

Présidence et vice-présidence

La présidence de la commission administrative

du bureau de bienfaisance appartient de droit au maire ou à l'adjoint ou au conseiller municipal remplissant dans leur plénitude les fonctions de maire.

Le président a voix prépondérante en cas de partage.

En conformité de l'article 3 de la loi du 21 mai 1873, la commission administrative nomme tous les ans, dans le courant de janvier un vice-président.

Le vote a lieu au scrutin secret.

En cas d'égalité de voix et après un troisième tour de scrutin, le plus âgé des candidats est élu.

Le vice-président est indéfiniment rééligible.

Quand le maire est absent ou empêché et qu'il n'est pas remplacé par l'adjoint faisant fonctions de Maire en vertu d'une délégation, le vice-président a la présidence de la commission administrative.

En cas d'absence du Maire et du vice-président, la présidence appartient au plus ancien des membres présents et à défaut d'ancienneté au plus âgé.

D'après une décision ministérielle du 6 mai 1853, il faut entendre par ancienneté, non pas celui qui fait partie depuis très longtemps de la commission mais celui dont les pouvoirs en exercice sont de plus ancienne date.

Règlement intérieur

La commission administrative qui se réunit à des époques fixes déterminées par un règlement

1.

intérieur ne peut délibérer qu'à la majorité des membres en exercice.

Ce règlement intérieur ne peut en aucun cas, contenir des clauses contraires à l'esprit des lois qui régissent les commissions administratives du bureau de bienfaisance et de l'hôpital.

Personnel

En vertu de l'article 14 de la loi du 7 août 1851, la nomination du secrétaire, de l'économe, des médecins et des chirurgiens et en général des divers agents ou autres personnes faisant partie du personnel appartient *exclusivement* à la commission administrative, mais elle ne peut les révoquer qu'avec l'approbation du préfet.

Le secrétaire rédige la correspondance, tient le registre des délibérations et tous les autres registres du service administratif.

Il surveille les travaux des bureaux.

Il a la garde des archives dont il est responsable.

« *Toutes les règles ci-dessus, s'appliquent non seulement aux*
« *commissions administratives des bureaux de bienfai-*
« *sance, mais encore aux commissions administratives des*
« *hôpitaux.* »

CHAPITRE II

Administration intérieure du Bureau de Bienfaisance de Saint-Denis

Employé visiteur

Un employé est spécialement chargé de faire les enquêtes ordonnées par les administrateurs.

Il se rend chez les personnes qui demandent leur inscription au bureau, il prend des renseignements partout où il le juge à propos, puis rédige un rapport qu'il remet à l'administrateur du quartier.

Inscription des Indigents

Les personnes nécessiteuses qui désirent recevoir des secours du bureau de bienfaisance, doivent se faire inscrire au bureau du 10 au 15 de chaque mois.

Elles doivent produire leur livret de famille.

Cette règle n'a rien d'absolu, il ne faut pas oublier que le rôle d'administrateur du bureau de bienfaisance ne consiste pas uniquement à tenir compte des demandes régulières qui ont été faites ; il consiste également à s'enquérir auprès de ses concitoyens, s'il est à leur connaissance, qu'il existe des pauvres honteux.

Beaucoup d'indigents, surtout ceux qui se trouvent dans la plus grande détresse, hésitent et n'osent pas s'adresser au bureau de bienfaisance : il est du devoir de l'administrateur prévenu par voie directe ou indirecte, de s'occuper de ces personnes, comme si elles avaient fait une demande, au besoin, il la rédige lui-même.

Toutes les demandes sont remises aux administrateurs qui doivent procéder eux-mêmes ou faire procéder à une enquête par le visiteur attaché spécialement au bureau de bienfaisance.

Les indigents doivent s'assurer par eux-mêmes au bureau de bienfaisance de la suite qui a été donnée à leur demande.

Réunions de la Commission administrative

Les membres de la commission administrative se réunissent en séance ordinaire tous les mois sur convocations pour l'expédition des affaires courantes.

Tous les rapports lui sont communiqués et elle décide de la suite à donner à chacun d'eux.

Elle ordonne des radiations s'il y a lieu.

Enquêtes

Ainsi qu'il a été expliqué plus haut, il est fait une enquête sur chacune des personnes qui demandent des secours au bureau de bienfaisance. Toutes ces enquêtes sont classées par ordre alphabétique en deux catégories.

La première catégorie comprend toutes les admissions, la deuxième les demandes non admises.

Au moins deux fois par an, le visiteur doit faire le recensement général de tous les indigents inscrits, afin de s'assurer si la situation de ces derniers a été modifiée.

Receveur spécial

Lorsque les recettes de *l'hôpital* réunies à celles du *bureau de bienfaisance* de la même commune n'atteignent pas la somme de trente mille francs, les fonctions de receveur sont toujours exercées par le receveur municipal.

Mais lorsque ces recettes réunies excèdent trente mille francs, la gestion peut être confiée à un receveur spécial ou être laissée au receveur municipal.

Les receveurs des établissements charitables sont nommés par les préfets sur la présentation des commissions administratives.

A cet effet la commission présente une liste de 3 candidats.

Le receveur peut sur la proposition des commissions administratives et avec l'autorisation du Préfet cumuler ses fonctions avec celles de secrétaire de la commission du bureau de bienfaisance.

Il ne pourrait en être ainsi, si le receveur nommé par le Préfet sur la présentation des deux commissions administratives de l'hôpital et du bureau de bienfaisance, était le receveur municipal.

Les receveurs ne peuvent être révoqués que par le Ministre de l'Intérieur.

CHAPITRE III

BUDGET

Le budget du bureau de bienfaisance de même que le budget communal se divise en budget ordinaire et en budget extraordinaire.

Le budget forme l'ensemble des recettes et des dépenses de toute nature que la commission administrative aura à faire au cours d'un exercice.

L'exercice est le temps pendant lequel les crédits restent ouverts, c'est-à-dire pendant une année et les trois premiers mois de l'année suivante ; la date du 31 mars étant fixée par la loi comme étant la clôture de l'exercice.

Mais pendant ces trois mois supplémentaires les mandats de paiement délivrés par le Maire ne peuvent s'appliquer qu'à des opérations réellement exécutées au cours de l'année précédente avant le 31 décembre.

Les sommes allouées pour le paiement des dépenses de l'année et qui sont indiquées dans le tableau du budget sous la colonne Crédits, doivent servir à acquitter les dépenses de la même année.

Avant de donner un tableau exact du budget pendant une année, il y a lieu d'examiner chaque article et de le faire suivre si c'est nécessaire d'une explication.

RECETTES ORDINAIRES

ARTICLE PREMIER

Location d'immeubles non grevés de fondation

Les immeubles appartenant au bureau de bienfance, sont des terres à usage de culture d'une contenance totale de 7 hectares 49 ares 27 centiares situées sur les territoires de Saint-Denis, La Courneuve, Aubervilliers et Stains.

Ces terres sont affermées à divers moyennant un loyer annuel de 2,236 fr., (année 1898).

Etat des Propriétés foncières

qui composent l'actif du Bureau de Bienfaisance de Saint-Denis et des prix de baux à percevoir

N° d'ordre	Nature des immeubles	Contenances H. A. C.	Situation des immeubles	Prix annuel
1	Terre	43 60	Saint-Denis	103
2	»	21 34		55
3	»	68 34		225
4	»	68 34		191
5	»	68 34		201
6	»	42 44		121
7	»	42 71		121
8	»	31 27		75
9	»	28 18		80
10	»	36 23		96
11	»	46 11		151
12	»	30 01	Aubervilliers	91
13	»	35 65	Stains	110
14	»	35 65		110
15	»	44 92	Saint-Denis	147
16	»	35 65	Stains	111
17	»	65 69	Saint-Denis	215
18	»	4 80		31
		7 49 27		2 236

Le receveur du bureau de bienfaisance possède les baux concernant ces immeubles et il est chargé spécialement du recouvrement des loyers.

En cas d'aliénation, l'avis du conseil municipal doit être demandé.

ARTICLE 2

Rentes sur l'État

Les rentes sur l'État portées au budget primitif de 1898 pour la somme de 31.191 fr. se sont élevées réellement à la somme de 31.506 fr. ainsi qu'il résulte des titres justificatifs.

Ces rentes sur l'État proviennent du produit de ventes de terrains, de dons manuels sans condition d'emploi et d'une inscription de 100 fr. de rente donnée par M. Haguette avec emploi spécial.

Cette rente de 100 fr. est destinée à l'habillement de deux premières communiantes et à la remise à chacune d'elles d'un livret de caisse d'épargne de 25 fr. chacun.

Cette donation a été consentie par M. Haguette docteur en médecine, demeurant à Saint-Denis, rue Compoise, n° 20, suivant acte passé devant Mᵉ Leclerc, notaire à Saint-Denis, le 26 juillet 1861. Cette donation a été faite sous les conditions suivantes littéralement rapportées :

« 1° Que la somme de 100 fr. montant des « arrérages produits annuellement par ladite « rente seront employés chaque année à habiller « complètement à l'occasion de la première com-

« munion et pourvoir de tous les objets néces-
« saires dans cette circonstance, une jeune fille
« élève d'une des écoles de la ville de Saint-Denis
« dirigées par des institutrices laïques, *désignée*
« *par la commission administrative du bureau de*
« *bienfaisance*, et le surplus de la somme, si
« surplus il y a, sera déposé à la Caisse d'épargne
« au nom de la même jeune fille avec indication
« de son origine.

« 2° Que dans le cas où par une cause ou par
« une autre, la condition ci-dessus ne pourrait
« être remplie, les arrérages de ladite rente
« devront être employés chaque année à l'achat
« de layettes pour enfants d'indigents.

« Cette donation a été acceptée purement et
« simplement par M. Giot maire de la ville de
« Saint-Denis ayant agi en sa qualité de prési-
« dent de la commission administrative du
« bureau de bienfaisance suivant acte reçu par
« Mᵉ Leclerc, notaire à Saint-Denis, le 10 octobre
« 1861 ».

« *Observation.* — Cette rente de 100 fr. se trouve comprise
« sous l'article 2 du budget ayant pour titre: *Rentes*
« *sur l'État.* Il serait beaucoup plus logique que cette
« rente fut comprise sous l'article du budget compre-
« nant les legs ayant une affectation spéciale. »

ARTICLE 4

Rentes sur particuliers (M. HAGUETTE)

Sous cet article on porte une rente de 900 fr.
payée tous les semestres, les 8 janvier et 8 juillet

de chaque année par les représentants de la succession Haguette.

Suivant acte passé devant M. Leclerc, notaire à Saint-Denis le 13 juin 1856, M. et Mme Haguette, Loddé, ont fait donation au profit du bureau de bienfaisance de Saint-Denis :

D'une rente annuelle et perpétuelle de la somme de 900 fr. exempte de toute retenue, payable de six mois en six mois à partir du 8 juillet 1855, les 8 janvier et juillet de chaque année, avec conditions : que le bureau de bienfaisance devrait employer cette somme savoir :

Cinq cents francs en distribution de secours en nature aux indigents de la ville de Saint-Denis, inscrits au bureau de bienfaisance.

Deux cents francs, à titre de subvention, aux dépenses annuelles de l'ouvroir établi à Saint-Denis, rue de la Fromagerie, destiné aux jeunes filles indigentes de la ville de Saint-Denis.

Et pareille somme de deux cents francs, à titre de subvention, aux dépenses annuelles de l'ouvroir qui pourrait être établi à Saint-Denis pour les jeunes garçons indigents de la ville de Saint-Denis.

Que cette dernière somme, jusqu'à ce que la fondation d'un ouvroir de garçons dans Saint-Denis eût été réalisée serait employée par le bureau de bienfaisance, sous le contrôle du conseil municipal de la ville de Saint-Denis, à payer les frais d'apprentissage d'un ou de plusieurs jeunes garçons indigents de la ville de

Saint-Denis, chez un patron résidant dans ladite ville.

Que dans le cas où l'ouvroir établi à Saint-Denis pour les jeunes filles et celui qui pourrait être établi dans la ville pour les jeunes garçons viendraient à être supprimés, lesdites deux sommes de deux cents francs chacune, seraient employées sous le contrôle de l'autorité municipale au paiement des frais d'apprentissage chez des patrons et maîtresses ouvriers, résidant dans la ville de Saint-Denis, savoir : Deux cents francs pour un ou plusieurs jeunes garçons indigents de la ville de Saint-Denis et deux cents francs pour une ou plusieurs jeunes filles indigentes de ladite ville.

Qu'en cas de décès de M. et Mme Haguette, leurs héritiers seraient tenus solidairement au paiement de ladite rente de neuf cents francs.

Que les héritiers de M. et Mme Haguette auraient en tout temps la faculté de se libérer de ladite rente de neuf cents francs, en offrant au bureau de bienfaisance de ladite ville de Saint-Denis, en la personne du maire de ladite ville, somme suffisante d'après le cours moyen de la Bourse de Paris, au jour des offres, pour acheter, frais de courtage compris, une rente 3 0/0 sur l'Etat de 900 francs ; cette rente inscrite au nom du bureau de bienfaisance de la ville de Saint-Denis, ne pourrait être aliénée ; à cet effet, il en serait fait mention sur les titres et le produit devrait en être affecté aux différents emplois ci-dessus déterminés.

Une inscription d'hypothèque conventionnelle a été prise au profit du bureau de bienfaisance pour sûreté : 1° de la somme de 20.000 francs, capital non exigible, mais évalué nécessaire pour le cas éventuel de remboursement et pour assurer le service de la rente annuelle et perpétuelle de 900 fr. ci-dessus; 2° Des arrérages conservés par la loi (mémoire); 3°. Des frais de mise à exécution, de ceux de renouvellement et de ses suites ainsi que de tous actes qui en seront la conséquence (évalués 3000 francs) sur une propriété sise à Saint-Denis (Seine), rue de la République, n°s 62 et 64, à l'encoignure de rue des Chaumettes.

Suivant acte reçu Me Leclerc, notaire à Saint-Denis, le 16 octobre 1856, M. Giot, maire de Saint-Denis autorisé par arrêté de M. le Préfet de la Seine du 31 juillet 1856, a accepté définitivement la donation faite par M. et Mme Haguette.

En 1888, l'acte du 13 juin 1856 ayant alors plus de 28 ans de date, il a été consenti par les représentants de M. et Mme Haguette, une nouvelle reconnaissance du titre constitutif de la rente dont il s'agit.

Cette nouvelle reconnaissance a eu lieu sans aucune novation ni dérogation, par acte passé devant Me Besnard, notaire à Saint-Denis, les 3 novembre et 4 décembre 1888.

Observation. — « Il est à remarquer que la somme de « 20.000 francs, capital évalué nécessaire pour assurer « le service de la rente de 900 francs qui était abso- « lument suffisante il y a 80 ans, ne l'est plus aujour-

« d'hui, cette somme est donc devenue en 1000, insuf-
« fisante pour garantir un capital devant produire
« 900 francs de rente. »

La dernière inscription prise pour valoir à sa
date comme inscription nouvelle, et au renouvellement de 3 précédentes, l'a été le 19 mai 1897
au 2º bureau des hypothèques de la Seine, volume
1842 nº 70, elle doit être renouvelée tous les 10
ans.

Ladite somme de 900 francs est employée suivant les intentions des donateurs. savoir :

A l'ouvroir, rue de la Fromagerie.......	200 »
A l'orphelinat Genin...................	200 »
Secours en nature, distribués par les admi- nistrateurs au bureau de bienfaisance.	500 »
Total égal....	900 »

ARTICLE 4

Legs Godard-Demarest

M. Godard-Demarest a légué une rente annuelle
aux pauvres du département de la Seine.

La répartition des sommes revenant aux indigents est faite proportionnellement par M. le
Préfet de la Seine.

La part attribuée au bureau de bienfaisance de
Saint-Denis diminue d'année en année.

En 1890 cette part était de 158 francs.

En 1898 elle n'est plus que de 141 francs.

Cette diminution est la conséquence de l'augmentation du nombre des indigents dans la Ville
de Paris.

ARTICLE 5

Legs Giot

Par son testament; déposé au rang des minutes
de M. Besnard notaire à Saint-Denis, le 14 Juillet
1883, M. Giot ancien Maire de la Ville de Saint-
Denis a légué au bureau de bienfaisance une rente
de 500 francs 3 % à la charge de donner à chacune
des femmes hospitalisées dans la maison Fontaine
dont il sera parlé ci-après une somme de deux
francs par mois.

Le dit testament contient en outre la clause ci-
après littéralement rapportée : « J'entends que
« l'excédent soit placé annuellement en même
« rente, prévoyant que cette maison devra être
« agrandie ou même reconstruite par la Ville et
« qu'il sera possible d'en recevoir un plus grand
« nombre de manière à employer les 500 francs.
« J'entends que les 2 francs que je lègue ne dimi-
« nuent pas les secours du bureau de bienfaisance
« donnés aux pauvres inscrits à la première
« classe. »

Actuellement, il existe 12 femmes hospitalisées
à la maison Fontaine, il leur est servi à chacune
2 francs par mois, au total 288 francs par an. —
Le surplus soit 512 francs a été réservé. Aujour-
d'hui la somme réservée atteint près de 3000

francs. — Emploi de cette somme en titre de rente
3 % doit être fait en 1900 par le Receveur Municipal.

Article 6

Donation Fontaine

Aux termes d'un acte reçu par M. Besnard,
notaire à Saint-Denis le 25 août 1868, Mr et Mme
Fontaine ont fait donation au bureau de bienfaisance de la Ville de Saint-Denis de 240 francs de
rente en 8 titres sur le royaume d'Italie, savoir 4
titres de 10 francs de rente chacun et 4 titres de
50 francs de rente chacun.

Mais depuis la donation, cette valeur a été
frappée d'un impôt de 20 % de sorte que chaque
titre de 10 francs ne produit que 8 francs de rente
et chaque titre de 50 francs ne produit que 40
francs ; ce qui donne au total un produit net de
192 francs.

Cette rente de 192 francs est employée en distribution d'argent aux indigents secourus directement par les sœurs de Saint-Vincent de Paul
qui visitent les pauvres.

Article 7

Legs Fontaine

Par son testament, en date du 23 février 1832,
déposé au rang des minutes de M. Lebel, notaire

à Saint-Denis le 26 janvier 1847, M. Fontaine, a institué pour son légataire universel à la charge d'exécuter les legs ci-après, le bureau de bienfaisance de la ville de Saint-Denis — « Je donne et « lègue à la Ville de Saint-Denis:

« 1º Ma Maison sise en cette ville, rue du Clou « fourré, nº 11 (aujourd'hui rue Fontaine) avec le « petit jardin en dépendant à la charge par la « Ville d'y loger constamment et gratuitement « huit veuves âgées d'au moins 60 ans et sans « enfant, prises dans la classe la plus nécessi- « teuse de ladite Ville.

« 2º Mon grand jardin, attenant à ladite pro- « priété à la charge par la Ville de Saint-Denis, « de louer ce jardin et d'employer le prix de « cette location au paiement des réparations et « charges annuelles de la propriété mentionnée « sous le nº 1º ci-dessus.

« 3º Une rente annuelle et perpétuelle de 800 « francs, exempte de toute retenue d'impositions « présentes et futures payables pour chaque année « dans le mois de janvier de l'année suivante à « la charge par la Ville d'employer le montant « annuel de cette rente à récompenser la plus « belle action qui se sera faite dans la commune « de Saint-Denis dans le courant de chaque « année.

« S'il ne s'est pas fait dans le courant de l'an- « née une action digne d'être remarquée et récom- « pensée, la somme de 800 francs, que cette rente « aura produite dans la même année, sera remise

« à la personne la plus pauvre qui se trouvera,
« étant déjà chargée de famille, avoir soutenu ses
« père et mère dans leurs vieux jours.

« La récompense applicable à chaque année
« sera délivrée dans le mois d'août de l'année sui-
« vante.

« La même personne ne pourra recevoir
« qu'une seule fois cette récompense.

« 4° Une rente annuelle et perpétuelle de trois
« cents francs, aussi exempte de toute retenue
« d'imposition, payable pour chaque année dans
« le mois de janvier de l'année suivante.

« A la charge par la Ville d'employer le mon-
« tant de cette rente dans le mois d'Août de l'an-
« née où le recouvrement en aura été opéré, à
« distribuer dans celle des écoles gratuites de la
« Ville de Saint-Denis qui sera jugée par le Maire
« mériter cette faveur.

« 1° Aux élèves qui auront suivi exactement et
« assidûment les classes des dites écoles par voie
« de tirage au sort parmi ceux qui seront reconnus
« remplir également cette condition, les prix sui-
« vants, savoir :

« Dans la première classe, un premier prix de
« cinquante francs, un second prix de trente
« francs, et un troisième prix de 20 francs ; et
« dans la seconde classe un premier prix de 30
« francs, et un second de 20 francs.

« 2° et aux élèves de la même école qui l'em-
« porteront sur les autres dans une composition
« qui aura lieu à cet effet dans la première classe,

« trois prix et dans la seconde classe deux prix
« dont le montant sera exactement pareil à celui
« des prix d'assiduité dont je viens de parler.

« Toutes ces dispositions seront exécutées par
« les soins du Maire de Saint-Denis qui se trou-
« vera alors en exercice d'après le choix duquel
« notamment les récompenses annuelles de 800
« francs ci-dessus mentionnées seront distribuées.

. . . .

« Je donne et lègue à l'Hôtel-Dieu de Saint-
« Denis une rente annuelle et perpétuelle de 1500
« francs aussi exempte de toute retenue payable
« pour chaque année dans le mois de janvier de
« l'année suivante, à la charge par ledit Hôtel-
« Dieu d'employer à remettre le montant annuel
« à remettre à chaque malade qui sortira de
« l'Hôtel-Dieu après sa guérison, un pain de 4
« livres, un pot au feu de 2 livres, deux cotterets
« et une somme de 4 francs.

« Les legs ci-dessus faits ne pourront jamais
« être détournés de leurs destinations.

*Les 2,600 francs, de rente légués, comme il vient d'être dit,
sont représentés aujourd'hui par des titres de rente nominative 3 % sur l'État se trouvant en la possession du Receveur municipal.*

ARTICLE 8

Legs Lasalle

Mlle Lasalle a légué au bureau de bienfaisance une somme de deux mille francs, qui a été placée en rentes sur l'Etat et dont le produit est destiné à être employé en secours par les soins des sœurs.

La rente est de 80 francs.

ARTICLE 9

Legs Lorget

Par son testament en date du 17 décembre 1856, déposé au rang des minutes de M. Lebel, notaire à St-Denis, M. Lorget a légué une inscription de 115 francs, de rente avec emploi déterminé :

« Distribution aux indigents par les soins des administrateurs ».

ARTICLE 10

Intérêts des fonds placés au Trésor

Ce produit se compose des intérêts des sommes payées d'avance en garantie d'une année de fermages et des encaissements journaliers qui, n'étant pas immédiatement employés à payer les dépenses sont placés en compte courant avec intérêts au Trésor.

Article 11

Produit de concessions de terrains dans le cimetière

D'après l'article 3 de l'ordonnance du 6 décembre 1813, aucune concession de terrain dans les cimetières communaux pour fondation de sépultures privées ne peut avoir lieu qu'au moyen du versement d'un capital dont deux tiers au profit de la commune et un tiers pour les établissements de bienfaisance.

A Saint-Denis, d'après la recette constatée en 1897, le capital versé pour les concessions a été d'environ quinze mille francs : c'est pourquoi dans le budget de 1898, pris comme exemple dans cette petite brochure, le tiers, c'est-à-dire cinq mille francs a été porté au chapitre des recettes.

Article 12

Produit du droit des pauvres sur les bals, spectacles, concerts, fêtes, etc

D'après l'article premier de la loi du 7 frimaire an 5 (27 novembre 1796) il doit être perçu un décime par franc, en sus du prix de chaque billet d'entrée dans tous les spectacles où se donnent des pièces de théâtre, bals, feux d'artifice, des concerts, des courses et exercices de chevaux pour lesquels les spectateurs payent.

Sont considérés, comme entrant dans les catégories ci-dessus, les panoramas, dioramas, et fêtes diverses avec entrées payantes.

Aux termes de la loi, ce droit du dixième est prélevé sur la recette brute.

Moitié du produit est porté au budget de l'hôpital, l'autre moitié au budget du bureau de bienfaisance.

En 1898, il a été effectué, comme recettes pour chacun de ces 2 établissements, la somme de 877 francs.

Par une circulaire du Ministre de l'Intérieur du 16 novembre 1876, *les Maires sont chargés de surveiller l'exécution des lois sur la perception des droits des pauvres.*

A Saint-Denis, il a été conclu avec les entrepreneurs de théâtre, bals et concerts des traités d'abonnement, cette façon de procéder a non seulement le grand avantage d'assurer *une recette fixe* sur laquelle on peut compter et qui n'est pas basée sur des probabilités, mais encore de dispenser le receveur de surveiller les recettes dans les différents établissements, ce qui a pour conséquence heureuse d'éviter aux commerçants une sorte d'inquisition.

ARTICLE 13

Subvention de la Commune

Bien que la fortune du bureau de bienfaisance de Saint-Denis soit assez considérable, les revenus

2.

de cette fortune sont insuffisants pour arriver à soulager d'une façon effective, les malheureux dont le nombre augmente chaque année.

Si la population de la ville a augmenté d'une façon constante (elle est aujourd'hui de 54,000 habitants) il n'en a pas été de même de la fortune.

C'est pourquoi chaque année le conseil municipal de Saint-Denis vote une subvention qui permet d'équilibrer le budget.

En 1898, cette subvention a été de 21.000 francs.

ARTICLE 14

Dons, Souscriptions, quêtes à domicile

On comprend sous cet article, les dons et notamment le produit des fêtes de bienfaisance données par la municipalité deux fois par année.

Deux grands bals ont lieu dans les salons de 'Hôtel-de-ville.

C'est à l'honneur de la municipalité élue en 1896 par plus de cinq mille voix, qu'appartient l'initiative de ces fêtes qui, pendant 4 années ont eu tant de succès, et ont pu procurer au bureau de bienfaisance et à l'hôpital des sommes assez importantes pour soulager un grand nombre d'indigents.

ARTICLE 15

Legs Fleury. — Institution d'une rosière

On comprend sous cet article une rente annuelle
de 800 francs, léguée par M. Fleury, ancien administrateur du bureau de bienfaisance pour doter
une rosière.

Cette question est traitée plus longuement sous
le chapitre des rosières.

ARTICLE 16

*Subvention de la Commune pour secours en argent
aux familles nécessiteuses*

En plus des secours en nature, le conseil municipal a voulu, que les administrateurs du bureau
de bienfaisance distribuent aussi des secours en
espèces à des familles nécessiteuses.

Ces secours sont distribués mensuellement.

(*Voir ci-après « secours en espèces*).

ARTICLE 17

Recettes extraordinaires

On comprend sous cet article le montant de la
subvention votée par le Conseil général à l'occasion
de la fête nationale.

DÉPENSES

Soulte. — Emprunt au Crédit Foncier

Sous le chapitre des dépenses, un seul article portant le n° 25 (annuité de l'emprunt fait pour payer la soulte) nécessite quelques explications.

En 1862, le bureau de bienfaisance était propriétaire de 2371 francs de rente quatre et demi pour cent.

La conversion de ces rentes fut demandée en rentes nouvelles trois pour cent.

Pour conserver le même chiffre de rentes, ce qui entraînait le paiement d'une sou te, le bureau de bienfaisance décida de s'adresser au Crédit foncier de France à l'effet de lui emprunter la somme nécessaire au paiement de la soulte (conséquence de cette opération). Il remit en conséquence, les certificats de dépôt qui avaient été délivrés par le trésor entre les mains du Crédit foncier qui se chargea de retirer les nouveaux titres 3 % à provenir de la conversion et une convention contenant les conditions suivantes fut signée entre le gouverneur de la Banque de France, et les membres de la commission administrative :

« Le bureau de bienfaisance se libérera de la
« somme de 2748 fr. 46 montant de la soulte
« escomptée au 10 avril 1862 qui doit être
« avancée par le Crédit foncier en 50 annuités de
« 158 fr. 40, chaque paiement comprenant outre

« la somme nécessaire à l'amortissement du
« capital avancé, l'intérêt de ce capital à 5 °/₀ par
« an et une commission annuelle de 0,30 par cent
« francs. — A la garantie du prêt, les rentes dési-
« gnées mais seulement jusqu'à concurrence de
« 158 fr. 40 somme égale à l'annuité seront
« affectées en capital et arrérages conformément
« aux dispositions des lois du 15 mars 1857 et 26
« février 1862 » .

Somme empruntée................	2.748 fr.	46
Intérêts, commission et amortisse-ment.....................	5.173 fr.	54
Total à rembourser.............	7.922 fr.	00
Dont le 50ᵉ est de.	158 fr.	40

Par suite de cette opération le bureau de bienfaisance a toujours le même chiffre de rente

Le titre nouveau qui a été délivré en échange
des titres 4 1/2 0/0 demeure pendant toute la
durée du prêt entre les mains du Crédit Foncier
qui applique à chaque échéance jusqu'à due concurrence au montant de l'annuité les arrérages de
la rente qui lui est donnée en nantissement.

Le bureau de bienfaisance a la faculté de se
libérer par anticipation en payant l'indemnité
prévue par l'article 9 de la loi du 6 Juillet 1860
soit 1/2 0/0 du capital remboursé.

BUDGET PRIMITIF DE L'EXERCICE 1898

Titre Premier. — Recettes

NUMÉROS des Articles	NATURE DES RECETTES	RECETTES constatées au dernier compte	RECETTES proposées par la Commission administrative
	Chapitre Ier — Recettes ordinaires		
1	Location d'immeubles non grevés de fondation.	2.148 »	2.200 »
2	Rentes sur l'État.	31.191 »	31.191 »
3	Rentes sur particuliers. — M. Haguette. .	450 »	1.000 »
4	Legs Godard-Desmaret	148 »	148 »
	Produit des legs ayant une affectation spéciale, savoir :		
5	Legs Giot	500 »	500 »
6	Donation Fontaine	191 »	208 32
7	Legs Fontaine	2.600 »	2.600 »
8	Legs Lasalle	86 »	86 »
9	Legs Lorget	115 »	115 »
10	Intérêts des fonds placés au Trésor . . .	342 43	300 »
11	Produit de concessions de terrains dans le cimetière	5.534 43	5.000 »
12	Produit du droit des pauvres sur les bals, spectacles, concerts, fêtes, etc. . . .	1.311 »	1.200 »
13	Subvention de la commune.		21.000 »
14	Dons, souscriptions, quêtes à domicile ou autres. — Levée des troncs de la mairie et autres.	4.692 »	2.000 »
15	Legs Fleury, institution d'une rosière. . .	800 »	800 »
16	Subvention de la commune pour secours en argent aux familles nécessiteuses . .		6.000 »
	Total des recettes ordinaires		74.348 32
	Chapitre II — Recettes extraordinaires		
17	Subvention départementale pour la fête nationale	1.505 »	1.350 »
	Total des recettes extraordinaires . .		1.350 »

RÉCAPITULATION

RECETTES ORDINAIRES.		74.348 32
RECETTES EXTRAORDINAIRES.		1.350 »
Total général des Recettes . .		75.698 32

Titre II. — Dépenses

NUMÉROS des Articles	NATURE DES DÉPENSES	DÉPENSES constatées au dernier compte	DÉPENSES proposées par la Commission administrative
	Chapitre Ier. — Dépenses ordinaires		
1	Entretien et contributions des propriétés. .	186 88	200 »
2	Traitement des médecins, chirurgiens et oculiste	5.100 »	5.400 »
3	Traitement du receveur trésorier.	1.501 23	1.616 70
4	Traitement des employés chargés du service	2.960 02	3.700 »
5	Frais d'accouchement.	1.274 »	1.600 »
6	Frais de bureau et timbres de la comptabilité	407 45	1.170 »
7	Gages des garçons de bureau.	400 »	400 »
8	Dépenses imprévues	1.290 82	2.100 »
9	Distributions aux indigents : achat de viande	9.181 50	10.600 »
10	Distributions aux indigents : achat de pain.	21.203 53	23.000 »
11	Bains.	200 »	300 »
12	Layettes.	944 50	1.000 »
13	Distributions aux indigents : achat de combustibles.	3.260 »	3.700 »
14	Achats de médicaments et bandages . . .	7.433 70	8.000 »
15	Secours en argent aux familles nécessiteuses.		6.000 »
16	Achat et entretien d'objets mobiliers. . .		30 »
	Emploi des ressources grevées de fondation, savoir :		
17	Pension ou rente à la charge de l'établissement	2.600 »	2.600 »
18	Charges de la donation Haguette.	764 57	1.000 »
19	Donation Fontaine. — Emploi de la rente.	208 32	208 32
20	Emploi du legs Lorget	115 »	115 »
21	Emploi du legs Giot.	288 »	500 »
22	Emploi du legs Lasalle.	86 »	86 »
23	Emploi du legs Fleury pour doter une rosière	870 71	800 »
	Total des dépenses ordinaires		74.156 02
	Chapitre II. — Dépenses extraordinaires		
24	Emploi de la subvention pour la Fête nationale	1.503 »	1.350 »
25	Annuité de l'emprunt fait pour payer la soulte.	158 40	158 40
	Total des dépenses extraordinaires . .		1.508 40

RÉCAPITULATION

Dépenses ordinaires 74.156 02
Dépenses extraordinaires 1.508 40

TOTAL GÉNÉRAL DES DÉPENSES . . .   75.664 42

RÉCAPITULATION GÉNÉRALE

Recettes. 75.698 32
Dépenses. 75.664 42

EXCÉDENT DES RECETTES. . .   33 90

Présenté par nous, membres de la commission administrative du bureau de bienfaisance de Saint-Denis.

A Saint Denis, le 28 Juillet 1897

(SIGNATURES)

Le Préfet de la Seine.

Vu le projet de budget d'autre part, présenté par la commission administrative du bureau de bienfaisance.

Vu l'avis du Conseil municipal en date du 30 novembre 1897.

ARRÊTE :

Article 1er — Le budget du bureau de bienfaisance de la commune de Saint-Denis pour l'exercice 1898 est arrêté conformément aux détails insérés dans la colonne n° 5, savoir :

En recettes à la somme de soixante-quinze mille six cent quatre-vingt-dix-huit francs 32 centimes.

En dépenses à celle de soixante-quinze mille six cent soixante-quatre francs 42 centimes.

Article 2. — Le montant de chaque article de dépense ne pourra être excédé sous aucun prétexte, soit par les mandats du Maire ordonnateur, soit par les payements du receveur-trésorier, à peine de responsabilité personnelle,

Fait à Paris le 31 décembre 1897

(SIGNATURES)

Si, depuis le réglement du budget, il est nécessaire d'ouvrir des crédits additionnels, ces crédits sont proposés dans un tableau à la suite du budget, mention y est faite de la date de la décision du Préfet.

La nature des dépenses soit ordinaires, soit extraordinaires y est indiquée.

BUDGET SUPPLÉMENTAIRE

de l'Exercice 1898

Les articles du budget supplémentaire font suite aux articles du budget primitif.

NUMÉROS d'ordre	NATURE DES RECETTES	RECETTES proposées par la Commission administrative
	Chapitre III. — Recettes supplémentaires.	
	Sous Chapitre premier : Recettes ordinaires	
	Recettes provenant des exercices antérieurs	
18	Excédent des recettes ordinaires de l'exercice précédent non compris les fonds réservés............	2.626 85
	Fonds réservés ayant une affectation spéciale, savoir :	
19	Charges de la donation Haguette......... 913 84	
20	Donation Fontaine.................. 1 02	
21	Legs Lorget.................. 312 50	
22	Legs Giot.................. 2.120 »	3.502 77
23	Legs Fleury.................. 77 45	
24	Secours aux victimes du froid 49 59	
25	Legs Flaguard.................. 5 80	
26	Vente de terrain à M. Plumont.......... 22 57	
	Restes à recouvrer du dernier exercice	
27	Rentes sur particuliers 1897.............	450 »
28	Droit des pauvres 1897.................	50 »
29	Location d'immeubles 1896.............	110 »
30	id. 1895.............	110 »
31	Droit des pauvres 1894.................	18 75
	Recettes supplémentaires de l'exercice courant	
32	Subvention de la Ville pour secours en argent aux familles nécessiteuses..................	8.400 »
33	Subvention de la Ville pour insuffisance de ressources..	9.100 »
	Total..................	24.368 37
	Sous Chapitre II : Recettes extraordinaires	
	Recettes provenant des exercices antérieurs. — Fonds réservés ayant une affectation spéciale, savoir :	
34	Vente de terrain Cartier..................	4.140 89
35	Vente de terrain Bancel..................	10.467 40
	Reste à recouvrer du dernier exercice. — Recettes supplémentaires de l'exercice courant.	
36	Vente de terrain Cartier..................	5.210 60
37	Vente de terrain Bancel..................	7.062 50
38	Produit des fêtes et bals de bienfaisance..........	1.841 95
	Total..................	28.723 34
	RÉCAPITULATION	
	Recettes ordinaires..................	24.368 37
	Recettes extraordinaires..................	28.723 34
	Total général..................	53.091 75

Titre II. – Dépenses.

Nº d'ordre	NATURE DES DÉPENSES	CRÉDITS proposés par la Commission administrative
	Chapitre III. — Dépenses supplémentaires.	
	SOUS CHAPITRE PREMIER. — DÉPENSES ORDINAIRES	
	Report de droit de crédits ou portions de crédit applicables à des dépenses faites et restant à payer à la clôture de l'exercice précédent	
27	Fourniture de pain en 1897, reste à payer aux boulangers	1.164 78
28	Fourniture de viande en 1897, reste à payer aux bouchers	1.310 »
	Dépenses complémentaires appartenant aux exercices antérieurs.	
29	Déboursés dûs au notaire en 1887........	38 40
30	id. id. 1889...............	423.98
	Dépenses complémentaires appartenant à l'exercice courant Emploi de fonds réservés ayant une affectation spéciale	
31	Charges de la donation Haguette............	913 84
32	Donation Fontaine.......	1 02
33	Legs Lorget..........	312 50
34	Legs Giot..........	2.120 »
35	Legs Fleury.........	300 »
36	Secours aux victimes du froid........	49 59
37	Legs Plagnard..........	5 80
38	Vente de terrain à M. Plumont................	22 57
	Dépenses de l'exercice courant	
39	Frais de contrats et autres (Rosière Fleury)........	80 »
40	Dépenses imprévues...............	667 »
41	Complément de traitement des employés........	300 »
42	Secours en argent aux familles nécessiteuses..........	8.400 »
43	Achat de pain (Insuffisance du crédit primitif)........	9.104 »
	TOTAL DES DÉPENSES ORDINAIRES.............	26.209 48
	SOUS CHAPITRE II. — DÉPENSES EXTRAORDINAIRES	
	Dépenses appartenant aux exercices antérieurs	
44	Vente de terrain à M. Cartier...................	4.149 80
45	Vente de terrain à M. Bancel................	10.467 40
	Dépenses supplémentaires appartenant à l'exercice courant	
46	Achat de rente (emploi du produit de la vente Cartier)..	5.210 60
47	Achat de rente (id. id. Bancel)..	7.062 50
	TOTAL DES DÉPENSES EXTRAORDINAIRES..........	20.881 30

RÉCAPITULATION

Dépenses ordinaires...........   26.209 48
Dépenses extraordinaires.....   26.881 39

TOTAL GÉNÉRAL...........   53.090 87

Recettes supplémentaires.....   53.091 71
Dépenses supplémentaires....   53.090 87

EXCÉDENT DE RECETTES....   84

Le présent budget supplémentaire présenté par nous, membres de la Commission administrative du bureau de bienfaisance de la commune de Saint-Denis.

A Saint-Denis, le 27 juin 1898.

(SIGNATURES)

Le Préfet de la Seine.

Vu les propositions de la Commission administrative ci-dessus ; et d'autre part :

Vu l'avis du Conseil municipal en date du

ARRÈTE :

Le budget supplémentaire du bureau de bienfaisance de la commune de Saint-Denis pour l'exercice 1898 est arrêté, savoir :

En Recettes à la somme de.....   53.091 71
En Dépenses à celle de........   53.090 87

Paris, le

Les deux budgets établis en quatre expéditions chacun sont soumis au Conseil municipal qui donne son avis.

Ensuite, ils sont adressés à M. le Préfet de la Seine pour vérification et approbation.

CHAPITRE IV

Secours

A présent qu'il a été donné un tableau exact, tant du budget primitif que du budget supplémentaire (exercice 1898), il y a lieu d'examiner les différents modes de secours, la distribution de ces secours; ensuite, par l'examen du compte administratif ci-après, il sera facile de se rendre compte du sort de chaque article du budget.

Mode de distribution des secours en nature

Le bureau de bienfaisance de Saint-Denis étant composé de six administrateurs, la Ville a été divisée en six quartiers.

Chaque mois à jour fixe, chacun des administrateurs du bureau de bienfaisance fait une distribution générale à tous les indigents de son quartier qui sont inscrits au bureau de bienfaisance et porteurs d'une carte nominative.

Ces cartes sont de couleurs différentes. La carte rose (1re classe) donne droit à 4 cartes de pain de

2 kilos chacune et à une carte de viande de 1 kilo.
La carte bleue (2e classe) donne droit à 3 cartes
de pain et à une carte de viande. La carte blanche
(3e classe) donne droit à 2 cartes de pain. La carte
orange qui a une durée temporaire de 3 mois, donne
droit à 2 cartes de pain et à une carte de viande.

Toutes ces cartes donnent droit à une manne de
charbon pendant les mois d'hiver.

La Commission administrative peut ordonner
des distributions supplémentaires de pain, viande
et charbon.

Il est facultatif aux administrateurs de donner
en dehors des distributions mensuelles quelques
secours supplémentaires dans le courant du mois,
aux personnes inscrites qui leur paraissent dans
la nécessité.

Pour tous ces secours supplémentaires, les
administrateurs doivent se renfermer dans les
limites budgétaires

Les personnes non inscrites qui peuvent se présenter au bureau dans le courant du mois, pourront recevoir quelques secours, si elles justifient
de leur état d'indigence momentanée, après cons-
tatation de leur domicile.

Pain

Tous les ans, dans le courant du mois de novembre, il est établi un cahier des charges, clauses et
conditions relatives à la fourniture du pain blanc
à faire au bureau de bienfaisance pendant l'année.

Ce cahier des charges est établi de la manière suivante : (année 1898).

ARTICLE PREMIER

Le pain à fournir aux indigents, sera du pain blanc en tout semblable à celui livré aux consommateurs.

Ce pain sera bien cuit, assez allongé coupé, sans brisures et non brûlé.

ARTICLE 2

Dans un but humanitaire et pour éviter de longues courses aux indigents avec un adjudicataire unique, tous les boulangers seront invités à faire la fourniture.

ARTICLE 3

La livraison de pain se fera directement aux consommateurs porteurs d'une carte du bureau de bienfaisance par les boulangers de leur choix, qui auront contracté l'engagement de fournir envers l'administration en séance publique.

ARTICLE 4

Le paiement des fournitures se fera dans le mois qui suivra les livraisons, sur la présentation des bons reçus par chaque boulanger, à moins cependant du retard qui pourrait se produire en fin d'année par suite d'insuffisance de crédit.

Article 5

Dans une séance publique de la commission administrative à laquelle auront été conviés tous les boulangers de la commune, ces derniers, après entente préalable entre eux, devront faire connaître le rabais qu'ils consentent apporter.

Le rabais offert portera sur la taxe officieuse dressée chaque quinzaine par la préfecture de la Seine.

Un minimum de rabais, arrêté d'avance par l'administration et cacheté, sera déposé avant la soumission, sur le bureau.

Article 6

Le rabais offert, après avoir été reconnu supérieur comme prix ou égal au minimum fixé par l'administration, les boulangers qui l'auront consenti se sont invités à signer séance tenante, l'engagement chacun pour ce qui le concerne de faire la fourniture de pain pendant l'année.....

Ils devront en outre verser à la caisse du receveur du bureau de bienfaisance, au moment même de leur engagement, les frais et droits auxquels il pourra donner lui.

Fait à Saint-Denis, le...

Le Maire, Président,

(*Signature*).

(Mention de l'approbation préfectorale, en date du...).

Vers la fin de l'année, tous les boulangers convoqués au bureau de bienfaisance, en vertu de l'article 5 du cahier des charges déclarent (s'ils acceptent les clauses dudit cahier des charges) ils s'engagent chacun, en ce qui le concerne, à fournir le pain blanc, moyennant un rabais de... centimes par kilo sur la taxe officieuse dressée chaque quinzaine, par la Préfecture de la Seine, et à acquitter les droits de timbre et d'enregistrement auxquels ledit engagement donnerait lieu.

Actuellement. c'est le rabais de 3 centimes par kilo sur la taxe officieuse qui est encore consenti par les boulangers.

Centralisation des bons de pain

A la fin de chaque mois, les boulangers centralisent tous les bons chez un seul d'entre eux.

En échange de ces bons, l'administration du bureau de bienfaisance délivre un mandat unique au nom du boulanger centralisateur de la somme due à tous les boulangers.

Frais

En 1900, la fourniture du pain a été évaluée pour l'enregistrement à la somme de 21.000 francs, par suite, l'engagement des boulangers a été enregistré aux droits de 1 fr. 25 0/0 décimes compris, soit au total pour la somme de 262 fr. 50.

Les droits de timbre se sont elevés à 15 fr. 60.

Les expéditions à raison de 0 fr. 75, le rôle à 7 fr. 50.

Ensemble : 285 fr. 60.

Somme à verser à titre de provision entre les mains du Receveur municipal, par les fournisseurs en vertu de l'article 6 du cahier des charges.

Fourniture de la viande

Cahier des charges clauses et conditions relatives à la fourniture de viande à faire au bureau de bienfaisance, pendant l'année 19..

ARTICLE PREMIER

Dans un but humanitaire et pour éviter de longues courses aux indigents, tous les bouchers de la ville pourront faire la fourniture de viande.

Cette fourniture sera composée de viande de bœuf, gîte, collier, à l'exclusion de la tête.

ARTICLE 2

La fourniture sera toujours fraîche, elle se fera directement aux personnes secourues par le bureau de bienfaisance, sur la présentation d'une carte portant : (Bon pour un kilo de viande), ces cartes seront revêtues de la signature d'un des administrateurs et du cachet de l'administration.

ARTICLE 3

Il sera facultatif aux personnes munies de cartes, de se faire servir toute autre espèce de viande, veau ou mouton, si elles le préfèrent, et des morceaux de leur choix, pour le prix équivalant à la valeur de la carte.

ARTICLE 4

La viande devra être de bonne qualité.

Il ne devra jamais y avoir plus de deux hectos d'os par kilo de viande.

ARTICLE 5

Le paiement des fournitures se fera dans le mois qui suivra les livraisons sur la représentation des bons reçus par chaque boucher.

ARTICLE 6

Dans une séance publique de la Commission administrative à laquelle auront été conviés tous les bouchers de la ville, ces derniers, après entente préalable entre eux, devront faire connaître le prix moyennant lequel ils entendent faire la fourniture, à raison de tant le kilo, viande de bœuf seulement.

Un minimum de prix, arrêté d'avance par l'administration, et cacheté, sera déposé sur le bureau avant la soumission.

ARTICLE 7

Le prix offert après avoir été reconnu inférieur ou au moins égal au minimum fixé par l'administration, les bouchers qui l'auront consenti seront invités à signer, séance tenante, l'engagement

chacun pour ce qui le concerne de faire la fourniture de viande pendant l'année... en se confor-
mant au présent cahier des charges. Ils devront
en outre verser à la caisse du receveur du bureau
de bienfaisance, au moment même de leur engagement, les frais et droits auxquels il pourra
donner lieu.

Article 8

Les indigents porteurs de cartes du bureau de
bienfaisance, auront le droit, s'ils le préfèrent, et
dans un but économique pour eux, de se faire
servir de la viande de cheval pour la valeur de
leurs bons.

Frais

Immédiatement après que les bouchers ont
signé l'engagement dont il est parlé sous l'article 7 du cahier de charges, il est versé au receveur le montant des frais et droits.

Les droits d'enregistrement sont les mêmes que
pour le pain, c'est-à-dire 1 fr. 25 0/0 décimes
compris, calculés sur l'évaluation qui en est faite
et mentionnée dans l'acte d'engagement.

Les droits de timbre et les expéditions à 0 fr. 75
le rôle s'élèvent environ à 25 francs au total.

Prix

Actuellement les bouchers de Saint-Denis se
sont engagés à faire la fourniture de viande nécessaire aux indigents pendant l'année 1900 moyen-

nant le prix, de 1 franc le kilo, viande de bœuf,
des morceaux prévus au cahier des charges, et à
servir toute autre espèce de viandes, veau ou
mouton, au choix des indigents, pour la valeur
équivalante à la carte, soit 1 franc.

Centralisation des Bons

De même que les boulangers, les bouchers centralisent les bons chez un seul d'entre eux à la fin
de chaque mois, et ils · sont remis au bureau de
bienfaisance en échange d'un mandat délivré au
nom du boucher centralisateur.

Charbon de terre

Cahier des charges, clauses et conditions relatives à l'adjudication de la fourniture de charbon
de terre à faire au bureau de bienfaisance pendant
l'année....

ARTICLE PREMIER

Cette fourniture se compose de charbon de
terre nouvellement extrait de qualité dite gaille-
teries demi-grasses et de provenance française,
des mines de Douvrain, Nœux, Meurchin, Anzin,
demi-gros, n° 1.

ARTICLE 2

Ladite fourniture sera adjugée par voie de soumission cachetée et au rabais dans une séance
publique de la commission administrative.

ARTICLE 3

L'avis de l'adjudication sera publié par affiches; un minimum de prix, arrêté par l'administration et cacheté, sera déposé sur le bureau avant l'ouverture des soumissions.

ARTICLE 4

L'adjudicataire sera tenu de faire des livraisons par wagons de 10,000 kilos, au fur et à mesure des demandes qui lui seront faites.

Il devra justifier de l'origine du charbon et de l'arrivée en gare par la remise à l'administration de la lettre de voiture du chemin de fer. Il sera tenu également des transports et déchargements, pesage, mesurage, dans le local destiné à cet effet, le tout à ses risques et périls et à ses frais.

L'adjudicataire sera également tenu de faire dans la Plaine, les livraisons qui seront utiles pour la distribution à faire aux indigents.

ARTICLE 5

Chaque fourniture devra être livrée au plus tard dans un délai de 15 jours après la demande faite par l'administration sur un bon indiquant la quantité et la nature du charbon de terre à livrer.

L'adjudicataire sera tenu de procurer deux hommes au moins pour le déchargement du wagon et le chargement des tombereaux et aussi pour la mise en tas dans le local réservé à cet effet.

ARTICLE 6

Toute livraison qui sera trouvée de mauvaise qualité ou non recevable comme n'étant pas conforme aux demandes faites ou aux prescriptions de l'article premier sera refusée et l'adjudicataire sera tenu de le remplacer dans la quinzaine. En cas d'inexécution, il y sera pourvu d'office à ses frais,

ARTICLE 7

Dans le cas ou les achats faits en remplacement pour le compte de l'adjudicataire en vertu de l'article qui précède, coûteraient un prix plus élevé que celui fixé par l'adjudication, il sera obligé de tenir compte à l'administration de la différence en plus sans pouvoir profiter de celle qui serait en moins.

ARTICLE 8

Le prix de la fourniture sera payée à l'adjudicataire dans le mois qui suivra la livraison.

ARTICLE 9

L'adjudicataire sera tenu de fournir un cautionnement de trois cents francs, il sera aussi tenu de verser à la caisse du receveur du bureau de bienfaisance au moment de l'adjudication, le montant des frais et droits auxquels elle donnera lieu.

Fait à Saint-Denis, le

(Mention de l'approbation préfectorale)

l'adjudication a lieu au bureau de bienfaisance.

Immédiatement après, l'adjudicataire signe un engagement de se conformer aux clauses et conditions du cahier des charges et de fournir le charbon aux prix indiqués dans la soumission.

Actuellement, le charbon de terre est fourni au bureau de bienfaisance au prix de trente-six francs 49 centimes les mille kilos.

Frais

Le droit d'enregistrement est également, comme pour le pain et la viande, de 1 fr. 25 0/0, décimes compris.

La fourniture de charbon étant évaluée annuellement à la somme de 3,700 francs, le droit d'enregistrement est de 46 fr. 25.

Les frais de timbre et les expéditions s'élèvent environ à 15 francs.

Galoches — Vêtements

Les administrateurs ont la faculté de délivrer des bons de galoches aux enfants des familles nécessiteuses.

Pour obtenir des galoches, les enfants doivent produire un certificat de l'instituteur, constatant qu'ils n'en ont pas touché de la Caisse des Écoles.

Il leur est délivré des bons extraits d'un registre à souche. Ces bons à délivrer indiquent le nom du fournisseur de la Ville chez qui ils doivent se présenter.

Les fournisseurs doivent déposer au bureau de bienfaisance un type de la marchandise qu'ils ont à fournir.

Le crédit étant peu élevé, il n'est délivré de vêtements qu'en très petite quantité et aux enfants seulement.

A la fin de chaque trimestre, les fournisseurs doivent remettre tous les bons au secrétaire du bureau de bienfaisance qui leur délivre en échange un mandat de la somme qui leur est due.

Secours extraordinaires

Tous les ans le département vote une subvention à l'occasion de la fête nationale ; cette subvention doit être délivrée en espèces aux indigents inscrits au bureau de bienfaisance.

La somme allouée à cet effet, répartie entre tous les indigents permet de remettre à chacun d'eux, une petite somme variant de un franc à un franc cinquante centimes.

Le même jour, la commission administrative fait une distribution extraordinaire de pain et de viande.

Chaque indigent inscrit, reçoit deux kilos de pain et un kilo de viande.

Les indigents non inscrits reçoivent un pain.

Dans les hivers rigoureux, la commission administrative peut ordonner des distributions extraordinaires.

CHAPITRE V

ARTICLE PREMIER. — *Médecins*

Actuellement (année 1900), il y a six médecins attachés au bureau de bienfaisance.

Les consultations ont lieu trois fois par semaine, le matin de 10 heures à 10 h. 1/2.

Tous les indigents inscrits ou non sont admis à la consultation, les premiers reçoivent une feuille blanche, les seconds une feuille rouge sur lesquelles les docteurs inscrivent l'ordonnance.

La feuille blanche, présentée chez les pharmaciens de la Ville, donne droit à la délivrance gratuite, des médicaments ordonnés.

Les porteurs de feuilles rouges doivent acheter leurs médicaments.

Dans des cas graves et urgents, les docteurs font également des visites à domicile.

ARTICLE 2. — *Oculiste*

Les consultations de l'oculiste ont lieu les jeudis et dimanches.

Seules, les personnes inscrites au bureau de bienfaisance sont admises.

ARTICLE 3. — *Pharmaciens*

Il y a quelques années, tous les indigents étaient obligés d'aller à la pharmacie de l'hôpital pour se faire délivrer les médicaments ordonnés par les médecins du bureau de bienfaisance.

Aujourd'hui, cette obligation n'existe plus.

Les indigents peuvent choisir leur pharmacien en raison de ce qu'il a été passé un marché avec tous les pharmaciens de la ville qui se sont engagés pendant trois ans à fournir les médicaments suivant un tarif approuvé par la Préfecture de la Seine.

A la fin de chaque mois, les pharmaciens remettent au bureau de bienfaisance les ordonnances dont ils ont livré les médicaments et après vérification, il est remis à chacun d'eux un mandat de la somme qui lui est due.

Tous les indigents inscrits au bureau de bienfaisance ont droit gratuitement au médecin et aux médicaments.

ARTICLE 4. — *Sage-femmes*

Indépendamment des secours indiqués plus haut, la commission administrative accorde les soins gratuits d'une sage-femme pour l'accouchement des femmes nécessiteuses.

Ces dernières peuvent choisir la sage-femme qui leur délivre une feuille indiquant la quantité d'enfants existants et certifiant en outre l'état dans lequel elles se trouvent.

Cette feuille doit être déposée au bureau de bienfaisance et après enquête l'administrateur du quartier statue.

En principe, la sage-femme n'est accordée que pour un quatrième enfant à l'exception cependant des filles mères reconnues nécessiteuses.

Après l'accouchement, l'administrateur fait remettre s'il y a lieu, un secours supplémentaire en pain, viande et charbon.

Il peut même délivrer une layette et signer l'ordonnance faite par la sage femme pour la délivrance gratuite des médicaments ordonnés.

<h3 style="text-align:center">ARTICLE 5. — Layettes</h3>

Les layettes sont achetées, en assez grande quantité, directement par la commission administrative du bureau de bienfaisance.

A cet effet, la commission administrative demande au Préfet de la Seine, l'autorisation de faire emploi par voie d'économie du crédit ouvert au budget (crédit layettes) sans provoquer les frais d'une adjudication.

Le fournisseur signe ensuite l'engagement de faire au bureau de bienfaisance la fourniture d'un certain nombre de layettes conformes au modèle présenté.

Toutes ces layettes sont emmagasinées et elles ne sont délivrées aux femmes en couches par le secrétaire du bureau de bienfaisance que contre remise d'une autorisation signée d'un administrateur.

<h3 style="text-align:center">ARTICLE 6. — Bains</h3>

Le service des bains est actuellement fait à l'hôpital à des conditions des plus avantageuses. L'administration du bureau de bienfaisance a

compris qu'il était juste de désintéresser cet établissements des frais occasionnés par ce service
(aussi les deux administrations charitables se
sont-elles entendues) et le bureau de bienfaisance
est débiteur envers l'hospice de 0 fr. 15 par
chaque bain donné.

Les cartes de bains ne sont délivrées aux indigents que sur une ordonnance du médecin.

ARTICLE 7. — *Secours en espèces*

Tous les ans le Conseil municipal vote une
somme assez importante pour être distribuée
mensuellement aux familles les plus nécessiteuses qui sont inscrites au bureau de bienfaisance, aux femmes veuves ayant des enfants en
bas âge, aux filles mères d'une bonne conduite
et aux familles dont le chef est arrêté dans son
travail journalier par la maladie ou le chômage.

Ces secours mensuels sont payés le 1er et le 2 de
chaque mois par le receveur à qui il est fourni une
liste de tous les indigents secourus. Chacun d'eux
doit présenter sa carte du bureau.

Passé la date du 2, les secours mensuels ne sont
payés que sur présentation de mandats spéciaux
établis au nom des indigents qui n'ont pas touché
dans les deux premiers jours du mois.

CHAPITRE VI

Compte administratif

Le compte administratif qui s'établit au bureau de bienfaisance au fur et à mesure de la délivrance des mandats, doit être en parfaite concordance avec le compte du receveur ; il ne peut y avoir discordance, en ce qui concerne les dépenses, que dans le cas où des mandats délivrés par le bureau de bienfaisance n'auraient pas été présentés à la Caisse avant le 31 mars de l'année suivante (clôture de l'exercice).

Ci-après le tableau du compte administratif des recettes et des dépenses du bureau de bienfaisance de la commune de Saint-Denis pour l'exercice 1898 :

TITRE PREMIER — RECETTES

NUMÉROS des articles au budget	NATURE DES RECETTES	SOMMES à recouvrer d'après le Budget	FIXATION définitive d'après les titres justificatifs	RECETTES EFFECTUÉES	RESTES A RECOUVRER
	Chapitre Premier. — RECETTES ORDINAIRES				
1	Location d'immeubles non grevés de fondation......	2 200 »	2.256 »	2.145 »	91 »
2	Rentes sur l'État — —	31.191 »	31.506 »	31.506 »	
3	Rentes sur particulier (M. Haguette)............	1.000 »	900 »	»	900 »
4	Legs Godard-Desmarest............	148 »	141 »	141 »	
5	— Giot............	500 »	500 »	500 »	
	Produit des legs ayant une affectation spéciale :				
6	Donation Fontaine............	208 32	192 »	192 »	
7	Legs Lasalle............	86 »	86 «	86 »	
8	— Lorget............	115 »	115 »	115 »	
9	— Fontaine............	2.600 »	2.600 »	2.600 »	
10	Intérêts de fonds placés au Trésor............	300 »	468 32	468 32	
11	Produit de concessions de terrains dans le cimetière.	5.000 »	5.518 29	5.518 29	
12	Produit du droit des Pauvres sur les bals, etc.......	1.200 »	889 53	877 03	12 50
13	Subvention de la commune............	21.000 »	21.000 »	21.000 »	
14	Dons, souscriptions, quêtes à domicile, etc.........	2.000 »	4.313 95	4.313 95	
15	Legs Fleury (institution d'une rosière)............	800 »	800 »	800 »	
16	Subvention de la commune pour secours en argent aux familles nécessiteuses............	6.000 »	6.000 »	6.000 »	
	Chapitre III. — Sous Chapitre Premier				
17	Excédent des Recettes ordinaires de l'exercice précédent, non compris les fonds réservés............	3.171 08	3.171 08	3.171 08	
	Fonds réservés ayant une affectation spéciale, savoir :				
18	Legs Lorget............ »	312 50	312 50	312 50	
19	— Giot............	2.490 63	2.490 63	2.490 63	
20	— Fleury............	77 55	77 45	74 45	
21	Secours aux victimes du froid............	49 59	49 59	49 59	
22	Legs Plagnard............	5 80	5 80	5 80	
23	Vente de terrain à M. Plumont............	22 57	22 57	29 57	
	Restes à recouvrer du dernier exercice :				
24	Rente Haguette............	450 »	450 »	450 »	
	A REPORTER............	237-292 69	83.345 71	82.842 21	1.003 50

NUMÉROS des articles au budget	DÉSIGNATION DES RECETTES	SOMMES à recouvrer d'après le Budget	FIXATION définitive d'après les titres justificatifs	RECETTES EFFECTUÉES	RESTES A RECOUVRER
	REPORT............	»	83.845 71	82.842 21	1.003 50
	Recettes supplémentaires de l'exercice courant :				
29	Subvention de la Ville pour secours en argent aux familles nécessiteuses.	8.400 »	8.400 »	8.400 »	»
30	Subvention de la Ville pour insuffisance de ressources.	9.100 »	9.100 »	9.100 »	»
	TOTAL DES RECETTES ORDINAIRES......		101.345 71	100.342 21	1.003 50
	Chapitre II. — RECETTES EXTRAORDINAIRES				
31	Subvention départementale pour la Fête Nationale...	1.350 »	1.350 »	1.350 »	
	Chapitre III. — Sans Chapitre II.				
	Fonds réservés ayant une affectation spéciale :				
32	Vente de terrain Cartier...............	4.110 89	4.110 89	4.110 89	
33	— de terrain Bancel..............	10.467 40	10.467 40	10.467 40	
	Recettes de l'exercice courant :				
34	Vente de terrain Cartier...............	5.210 60	5.210 60	5.210 60	
35	— d terrain Bancel............	7.062 50	7.062 50	7.062 50	
36	Produits des bals et fêtes de bienfaisance	1.841 95	1.841 95	1.841 95	
	Autorisations spéciales :				
37	Recouvrement p. M. Toury de trop payé...........	» 35	» 35	» 35	
38	— p. M. Naline en 1895.............	10 »	10 »	10 »	
39	Intérêt du prix de la vente Cartier..........	93 55	93 55	93 55	
40	Produit des emplacements de la Caserne...........	849 50	849 50	849 50	
41	Excédent de versement de 1897 (non remboursé).....	» 15	» 15	» 15	
42	Droit d'enregistrement de locations verbales en 1898.	» 32	» 32	» 32	
	TOTAL DES RECETTES EXTRAORDINAIRES......	31.027 21	31.027 21	31.027 21	
	RÉCAPITULATION				
	RECETTES ORDINAIRES............	98.716 69	101.345 71	100.342 21	1.003 50
	RECETTES EXTRAORDINAIRES.......	31.027 21	31.027 21	31.027 21	
	TOTAL GÉNÉRAL........	129.743 90	132.372 92	131.369 42	1.003 50

No	NATURE DES DEPENSES	DÉPENSES ALLOUÉES		DROITS constatés au 31 décembre 1898 ou dépenses faites	SOMMES payées	CRÉDITS ou portions de crédits réservés pour restes à payer à reporter sur l'exercice 1899	CRÉDITS ou portions de crédits annulés faute d'emploi au 31 déc. 1898
		Par le budget primitif	Par le budget supplémentaire				
	Chapitre I.						
	DÉPENSES ORDINAIRES						
1	Entretien et contributions des propriétés...	200 »		185 81	1.858 84		14 19
2	Traitement des médecins et oculiste........	5.400 »		5.400 »	5.400 »		
3	Traitement du receveur trésorier	1.646 70		1.646 70	1.646 70		
4	Traitement des employés chargés du service.	3.700 »	300 »	3.999 84	3.999 84		0 16
5	Frais d'accouchements	1.600 »		1.326 50	1.326 50		273 50
6	Frais de bureau et timbres de la comptabilité.	1.170 »		554 38	554 38		615 62
7	Gages des garçons de bureaux............	400 »		199 92	199 92		200 08
8	Dépenses imprévues	2.100 »	667 »	1.122 01	1.122 01		1.644 99
9	Distribution aux indigents, achat de viande.	10.600 »		10.600 »	10.600 »		
10	— — pain...	23.000 »	9.100 »	24.221 06	24.221 06		7.878 94
11	Bains	300 »		284 53	284 53		15 47
12	Layettes.............................	1.000 »		994 50	994 50		5 50
13	Combustibles........................	3.700 »		2.800 »	2.800 »		900 »
14	Achat de médicaments et bandages.......	8.000 »		7.955 76	7.955 76		44 24
15	Secours en argent aux familles nécessiteuses.	6.000 »	8.400 »	13.184 25	13.184 25		1.215 75
16	Achat et entretien d'objets mobiliers........	30 »		30 »	30 »		
	Emploi des ressources grevées de fondation, savoir:						
17	Pension ou rente à la charge de l'établissement	2.600 »		2.600 »	2.600 »		
18	Charge de la donation Haguette. ».........	1.000 »	363 84	753 40	753 40		610 44
19	Donation Fontaine (emploi de la rente).....	208 32		208 30	208 30		0 02
20	Emploi du legs Lorget.............	115 »	312 50				427 50
21	— Giot	500 »	2.490 63	288 »	288 »		2.702 63
22	— Lasalle.............	86 »		86 »	86 »		
23	— Fleury.............	800 »	300 »	1.100 »	800 »	300 »	
	TOTAUX DES DÉPENSES ORDINAIRES	74.156 02	21.933 97	79.540 96	79.240 96	300 »	16.549 03

NUMÉROS des articles au budget	NATURE DES DÉPENSES	DÉPENSES ALLOUÉES		DROITS constatés au 31 décembre 1898 ou dépenses faites	SOMMES payées	CRÉDITS ou portions de crédits réservés pour restes à payer reportés sur exercice 1899	CRÉDITS ou portions de crédits annulés faute d'emploi au 31 déc. 1898
		Par le budget primitif	Par le budget supplémentaire				
	Chapitre II. — DÉPENSES EXTRAORDINAIRES						
24	Emploi de la subvention p. la Fête Nationale.	1.350 »		1.350 »	1.350 »		
25	Annuité de l'emprunt pour payer la soulte.	158 40		158 40	158 40		
	TOTAUX DES DÉPENSES EXTRAORDINAIRES.	1.508 40		1.508 40	1.508 40		
	Chapitre III. — Sous Chapitre premier.						
	Report de droit de crédits ou portions de crédits applicables à des dépenses faites et restant à payer à la clôture de l'exercice précédent :						
	DÉPENSES ORDINAIRES						
26	Fourniture de pain en 1897.............		1.164 78	1.164 78	1.164 78		
27	— de viande en 1897.............		2.310 »	2.310 »	2.310 »		
	Dépenses complémentaires des exercices antérieurs.						
28	Déboursés dûs au notaire en 1897..........		38 40	38 40	38 40		
29	— 1890..........		423 98	423 98	423 98		
	FONDS RÉSERVÉS						
30	Charges de la donation Haguette............						
31	Legs Lorgot..............................						
32	— Giot.............................						
33	— Fleury............................						
34	Secours aux victimes du froid.............		49 50				49 50
35	Legs Plagnard..........................		5 80				5 80
36	Vente de terrain Phomont...............		22 57				22 57
	Dépenses supplémentaires de l'exercice courant:						
37	Frais de contrat et autres relatifs à la rosière Fleury..........................		80 »				80 »
	TOTAL DES DÉPENSES ORDINAIRES.	4.095 03		3.937 16	3.937 16		157 86

NUMÉROS des articles au budget	NATURE DES DÉPENSES	DÉPENSES ALLOUÉES		DROITS constatés au 31 décembre 1898 ou dépenses faites	SOMMES PAYÉES	CRÉDITS ou portions de crédits réservés pour restes à payer à reporter sur l'année 1899	CRÉDITS ou portions de crédits annulés faute d'emploi au 31 déc. 1898
		Par le budget primitif	Par le budget supplémentaire				
	Chapitre II						
	DÉPENSES EXTRAORDINAIRES						
42	Achat de rentes su. l'État, produit de vente Cartier et Bancel.........		26.881 39	26.862 38	26.862 38		19 01
	TOTAL DES DÉPENSES EXTRAORDINAIRES ..		26.881 39	26.862 38	26.862 38		19 01

RÉCAPITULATION

	Dépenses ordinaires................	75.156 03	26.029 09	83.478 12	83.178 12	360 »	16.706 99
	Dépenses extraordinaires............	1.508 40	26.881 39	28.370 38	28.370 38		19 01
	TOTAL GÉNÉRAL.......	75.664 43	52.910 48	111.848 50	111.548 50	300 »	16.726 »

128.571 90

ÉTAT DES SOMMES A RECOUVRER DE L'EXERCICE CLOS DE 1898

NUMÉROS des articles du budget	NATURE DES RECETTES	MONTANT DES			RESTES
		RECETTES admises au budget	TITRES justificatifs	RECETTES effectuées jusqu'au 31 Mars 1899	A RECOUVRER
4	Location d'immeubles...............	3.200 »	2.336 »	2.145 »	91 »
3	Rente Haguette...................	1.000 »	900 »	»	900 »
12	Produit du droit des pauvres sur les bals, concerts, etc..............	4.200 »	889 53	878 03	12 50
	Totaux.........	4.400 »	4.125 53	3.023 03	1.003 50
	Total égal aux titres justificatifs......................			4.026 53	

ÉTAT DES RESTES A PAYER DE L'EXERCICE CLOS DE 1898

NUMÉROS des articles du budget	NATURE DES DÉPENSES	MONTANT DES			RESTES
		RECETTES admises au budget	TITRES justificatifs	RECETTES affectées au 28 Mars 1899	A RECOUVRER
23	Emploi du legs Fleury.............	800 »	800 »	500 »	300 »
	Totaux......	800 »	800 »	500 »	300 »
	Total égal aux droits constatés.............			800 »	

	SOMMES ENCAISSÉES OU DÉJA RÉSERVÉES			SOMMES PAYÉES			EXCÉDENT DE	
OBJET ET NATURE DES RECETTES	Article du compte	Montant	Total	Article du compte	Montant	Total	Recettes à réserver	Dépenses
Charges de la donation Haguette........	27	450 »	450 »	13	753 40	753 40	»	303 40
Legs Giot...............	5	500 » 2.490 63	2.990 63	21	288 »	288 »	2.703 63	
Legs Fleury...............	22	800 » 77 45	877 45	23	800 »	860 »	77 45	
Legs Lorget...............	21	115 » 312 50	427 50	»	»	»	427 50	
Donation Fontaine............	6	192 »	192 »	19	208 30	208 »	»	16 30
Legs Fontaine............	7	2.600 »	2.600 »	17	2.600 »	2.600 »	»	
Secours aux victimes du froid	24	49 59	49 59	»	»	»	49 59	
Legs Plagnard............	25	5 80	5 80	»	»	»	5 80	
Legs Lasalle............	8	86 »	86 »	22	86 »	86 »	»	
Vente de terrain à MM. Cartier et Bancel................	34 37	93 55 26.881 39	26.974 94	25	26.862 38	26.862 38	112 56	
Vente de terrain Plumont............	26	22 57	22 57	»	»	»	22 57	
Subvention départementale pour la Fête Nationale.......	17	1.350 »	1.350 »	»	1.350 »	1.350 »	»	
Subvention communale pour secours aux familles nécessiteuses................	16 32	6.000 » 8.400 »	14.400 »	15	13.184 25	13.184 25	1.215 75	
TOTAUX........		50.426 48	50.426 48		46.132 33	46.132 33	4.613 85	319 70

Résultat du compte de l'exercice 1898

Recettes........................... 131.369 42
Dépenses.......................... 111.548 90

Excédent de recettes........ 19.820 52
Les fonds spéciaux à réserver à.... 4.613 85

Il résulte un excédent de recettes de 15.206 67

Le présent compte administratif dressé et présenté par nous à l'examen et à l'approbation de la Commission administrative.

Fait à Saint-Denis, le 27 juin 1899.

L'Ordonnateur

Délibération de la Commission administrative

L'an mil huit cent quatre-vingt-dix-neuf, le vingt-sept juin, les membres composant la Commission administrative du Bureau de Bienfaisance se sont réunis au lieu ordinaire de leurs séances.

Étaient présents : MM. Quintainne, maire; Gambier, Delassus, Carbillet, Noyelle, Masson, Deschamps, administrateurs.

Ouï le rapport de M....., ordonnateur.

Vu les diverses ordonnances et instructions ministérielles sur la comptabilité des établissements de bienfaisance;

La Commission, après s'être fait représenter le budget de l'exercice 1898 et les autorisations supplémentaires qui s'y rattachent, les titres définitifs de créances à recouvrer, le détail des dépenses effectuées et celui des mandats délivrés par l'Ordonnateur, le compte d'administration de l'exercice 1897, accompagné de l'état de situation du receveur, ainsi que de l'état des restes à payer reportés en 1899.

Procédant au règlement définitif du compte de 1898, propose de fixer ainsi qu'il suit les recettes et dépenses dudit exercice, savoir :

RECETTES

Les recettes tant ordinaires qu'extraordinaires de l'exercice 1898, évaluées par le budget à 120.743 fr. 90, ont dû s'élever, d'après les titres définitifs de créances, à la somme de 132.372 fr. 92, de laquelle somme il convient de déduire celle de, savoir :

Pour non-valeurs justifiées au compte du receveur.

Pour restes à recouvrer également justifiés et qui seront portés en recettes au prochain compte.

Pour restes à recouvrer non justifiés, à mettre à la charge du comptable qui en sera forcé en prochain compte.

Au moyen de quoi la recette de 1898 demeure définitivement fixée à la somme de.. . . . . 131.369 42

DÉPENSES

Les dépenses créditées au budget de 1898 s'élèvent à. 128.574 90

Il faut y ajouter celles qui ont été l'objet des crédits supplémentaires accordés dans le cours l'exercice. . . . .

Total des dépenses présumées. . . . 128.574 90

De cette somme, il faut déduire celle de.. . .

Savoir :

1o Crédits ou portions de crédits restés sans emploi comme excédant le montant réel des dépenses, ci . . . .

2o Dépenses faites, mais non ordonnancées avant le 15 mars 1899 et à reporter aux budgets suivants. . . . .

3º Dépenses ordonnancées mais non payées avant le 31 mars 1899 et à reporter au budget de 1900 . . . .

Somme égale. . . . .

Au moyen des déductions ci-dessus, les dépenses de l'exercice 1898 sont définitivement fixées à 128.574 00

Les recettes de toute nature étant de . . . 131.369 42

Les dépenses de 111.548 90

Il reste, par conséquent, pour excédent définitif, la somme de . . . . 19.820 52 laquelle sera portée au chapitre des recettes supplémentaires du budget de l'exercice 1899, avec indication. L'emploi pour les fonds ayant une destination spéciale et à réserver, lesquels s'élèvent ensemble à la somme totale de 3,537 fr. 54.

Toutes les opérations de l'exercice 1898 sont déclarées définitivement closes et les crédits annulés.

Délibéré à Saint-Denis, les jour, mois et an ci-dessus.

LES MEMBRES DE LA COMMISSION

Avis du Conseil municipal

Le Conseil municipal de la commune de Saint-Denis,

Vu la délibération qui précède, et le compte administratif des recettes et des dépenses du Bureau de Bienfaisance pour l'exercice 1898,

Est d'avis :

Qu'il y a lieu d'arrêter ledit compte, conformément aux propositions ci-dessus de la Commission administrative.

Délibéré en séance du 25 juillet 1899.

Ont signé : MM. (noms des membres du Conseil municipal).

Pour extrait conforme :
LE MAIRE

LE PRÉFET DE LA SEINE

Vu le compte qui précède ;

Vu la délibération de la Commission administrative en date du 27 juin 1899,

Arrête :

Art. 1er. — Le compte présenté par l'Ordonnateur du Bureau de Bienfaisance de la commune de Saint-Denis, pour l'exercice 1898, est définitivement réglé,

Savoir :

En recettes.	131.369 42
En dépenses.	111.548 90
Excédent de recettes.	19.820 52
Les fonds spéciaux à réserver s'élevant à.	4.613 85
Il en résulte un excédent de recettes libres de	15.206 67

Une copie dudit compte revêtue de la présente approbation sera adressée :

1° A......, Ordonnateur du Bureau de Bienfaisance ;

2° Au receveur central du département de la Seine, qui la transmettra au receveur-trésorier.

Fait à Paris, le   1899.

APPROBATION PRÉFECTORALE

CHAPITRE VII

Hospitalisation à domicile

S'il est une réforme sociale importante qui a été accomplie à Saint-Denis, vers la fin de l'année 1898, c'est assurément la création du service d'assistance des vieillards à domicile.

Le Conseil municipal s'est préoccupé à juste

titre de cette question importante qui consistait à instituer des secours représentatifs des frais de séjour à l'hospice.

Mais pour que les Communes puissent se trouver en mesure de contribuer d'une façon efficace aux dépenses qu'elles s'imposent pour aider à vivre dans leur famille, lorsque celle-ci est hors d'état de subvenir à leurs besoins, les vieillards, les infirmes et les incurables qui seraient en situation d'être admis dans un hospice, le Conseil général a voté un crédit pour être réparti entre les Communes dans la proportion du tiers de la dépense consentie sur le budget communal pour l'organisation de secours permanents.

Le Conseil municipal de Saint-Denis ayant voté une somme de trente mille francs pour l'année 1899 c'est donc jusqu'à concurrence de dix mille francs que s'élève la part contributive du département.

Il est à remarquer que cette réforme sociale a été réalisée à Saint-Denis par la municipalité bourgeoise, élue en 1896, laquelle a su prouver qu'elle mettait ses actes d'accord avec ses paroles, et qu'il n'était nul besoin d'afficher des idées révolutionnaires pour arriver à faire du véritable socialisme.

La création du service d'assistance des vieillards à domicile a été réglementée de la façon suivante et dans les conditions déterminées par les délibérations du Conseil général en date du 18 décembre 1885 et du 24 avril 1896:

Réglement intérieur

ARTICLE PREMIER

A partir du premier janvier 1899 un service de secours à domicile représentatif des frais de séjour à l'hospice est établi par la Commune de Saint-Denis au profit des vieillards, des infirmes et des incurables.

ARTICLE 2

Pour avoir droit aux secours, il faut être âgé, savoir :

Les femmes, 65 ans.
Les hommes, 70 ans révolus.

Il peut être fait exception à cette limite d'âge en faveur des infirmes et des incurables.

ARTICLE 3

Peuvent seuls bénéficier des secours, les vieillards qui justifient qu'ils sont français, qu'ils habitent le département de la Seine depuis au moins 10 ans, et qui remplissent les conditions exigées par la circulaire du Conseil général en date du 18 décembre 1895 et 24 avril 1896.

ARTICLE 4

Les secours accordés sont divisés en deux classes; la première donne droit à 20 fr. par mois, la

deuxième à 12 fr. pour chaque catégorie d'hospitalisés.

ARTICLE 5

Tous les trimestres, l'administration du bureau
de bienfaisance est tenue de dresser des états nominatifs des indigents secourus.

Ces états sont établis en 4 expéditions mention-
nant les noms des vieillards, des infirmes ou incurables, leur domicile, leur âge, la durée de leur
séjour dans le département, leur état de validité,
infirme ou incurable, le montant de l'allocation
mensuelle pour chacun d'eux, la date de la délibération du Conseil municipal qui a créé la pen-
sion, celle de la désignation du titulaire par le
bureau de bienfaisance et enfin les sommes tou-
chées sur les fonds communaux.

ARTICLE 6

Ces états trimestriels sont adressés à M. le
Préfet de la Seine pour approbation dans le mois
précédant l'expiration de chaque trimestre.

ARTICLE 7

Après approbation des dits états de dépense,
chacun des vieillards admis aux secours d'hospitalisation est désintéressé par les soins de l'administration du bureau de bienfaisance, soit au moyen
de mandats nominatifs, soit sur un état général
et nominatif avec mandat à l'appui après émarge-

ment par chaque vieillard. — M. le Receveur du bureau de bienfaisance est chargé des paiements.

ARTICLE 8

La distribution des secours est faite chaque quinzaine.

ARTICLE 9

L'administration du bureau de bienfaisance se réserve le droit, après approbation par l'autorité supérieure, de payer chaque vieillard inscrit, une partie en espèces et l'autre en nature· et cela dans un but humanitaire, pour éviter que les ayants droit ne dépensent en une seule fois le montant de la somme qui leur est allouée et ne reviennent d'une distribution à l'autre demander des secours en nature au bureau de bienfaisance.

ARTICLE 10

Les hospitalisés n'ont pas droit aux secours en nature délivrés par le bureau de bienfaisance, mais il leur est délivré une carte nominative leur donnant droit aux secours du médecin et des médicaments.

Dans aucun cas cette carte qui est personnelle ne doit être prêtée, sous peine de radiation immédiate de tous secours.

ARTICLE 11

Tous les trimestres et chaque fois qu'il y a urgence, il est dressé par les Membres de la Commission administrative du bureau de bienfaisance une liste des personnes postulantes destinées à être admises après chaque vacance.

ARTICLE 12

L'Etat des vieillards secourus étant définitif, aucun changement ne peut y être apporté pour augmentation qu'après chaque décès d'un des hospitalisés.

ARTICLE 13

Aucun balayeur ou salarié de la Ville ne peut faire partie des hospitalisés tant qu'il est au service de la Ville.

Il en est de même des personnes logées à l'ancien hôpital, aux petits ménages et de celles retirées à la maison Fontaine.

ARTICLE 14

Chaque année, la ville de Saint-Denis porte à son budget primitif la somme nécessaire pour parfaire à la dépense de l'année entière.

La somme votée est inscrite en recettes et en dépenses au budget du bureau de bienfaisance chargé de la distribution des secours.

ARTICLE 15

Le département de la Seine rembourse à la commune de Saint-Denis chaque trimestre, le tiers de

la dépense effectuée dans les conditions déterminées par le conseil général par sa délibération en
date des 18 Décembre 1895 et 24 Avril 1896.

ARTICLE 16

Le conseil municipal de Saint-Denis, ayant
décidé l'inscription de la somme de 30.000 fr. à
son budget de 1899 pour secours d'hospitalisation,
la commission décide de fixer pour la dite année
le nombre des hospitalisés ainsi qu'il suit :

1re Classe — 38 à 20 fr. par mois. — 9.120 fr. »
2e Classe — 145 à 12 fr. par mois. — 20.880 fr. »
 ___   _____
 183   30.000

ARTICLE 17

Un recensement général de tous les hospitalisés a lieu tous les six mois pour s'assurer à nouveau de leur situation indigente et morale.

Ces secours sont payés tous les 15 jours, le 1er
et le 2 et les 15 et 16 de chaque mois, sur la présentation de la carte,

Ces dates passées, les secours ne sont payés
que sur présentation de mandats spéciaux établis
au nom des hospitalisés qui n'ont pas touché aux
jours indiqués.

La carte que possède chaque hospitalisé donne
droit à une manne de charbon pendant les mois
d'hiver.

CHAPITRE VIII

STATISTIQUE

Tableau comparatif du nombre des indigents inscrits
au Bureau de Bienfaisance de 1896 à 1900

Mois	1896	1897	1898	1899
Janvier.........	1.197	1.240	1.115	1.089
Février........	1.140	1.252	1.131	907
Mars......... ...	1.151	1.272	1.139	898
Avril	1.152	1.293	1.141	893
Mai..	1.150	1.264	924	821
Juin	1.137	1.151	954	782
Juillet........	1.111	1.001	966	800
Août........ .	1.111	1.064	968	808
Septembre......	1.123	1.016	992	813
Octobre.........	1.128	1.046	1.005	832
Novembre.....	1.167	1.037	1 045	843
Décembre	1.220	1.084	1.072	865

La diminution du nombre des indigents en 1899 est une conséquence de la création du service d'assistance des vieillards à domicile qui a commencé à fonctionner le 1er Janvier 1899 et par suite le nombre des indigents inscrits a été réduit d'un chiffre à peu près équivalent au nombre des hospitalisés.

SITUATION DE L'ANNÉE 1899

Secours supplémentaires

En plus des secours mensuels accordés aux indigents inscrits au bureau de bienfaisance, des secours supplémentaires sont donnés, (comme il a été dit sous le chapitre du mode de distribution des secours) par MM. les administrateurs.

En 1899, il a été distribué comme secours supplémentaires :

790 kilos de pain.
218 kilos de viande.
157 paires de galoches.
232 mannes de charbon.

CHAPITRE IX

Fourneau Economique.

Le conseil municipal de la ville de Saint-Denis inscrit tous les ans à son budget une somme d'environ six mille francs pour distribuer pendant les trois mois d'hiver des portions de pain, viande et légumes aux indigents de la ville, qu'ils soient inscrits ou non au bureau de bienfaisance.

A cause de l'étendue de la ville, il y a deux fourneaux économiques, l'un à la Plaine qui fonctionne sous la surveillance de conseillers municipaux, l'autre à Saint-Denis au siège du bureau de bienfaisance sous la surveillance des administrateurs du bureau de bienfaisance.

Tous les matins pendant les mois d'hiver, des bons donnant droit chacun à une portion sont distribués gratuitement.

Il est facultatif aux personnes nécessiteuses d'acquérir de ces bons au prix de dix centimes chacun.

En 1898, il a été vendu pour 228 fr. 60 de bons.

Il a été distribué gratuitement 46.441 portions.

La dépense en pain, viande, légumes, frais du personnel, blanchissage, etc., s'est élevée à . . . . . 4.793 fr. 85

A déduire la somme de 228 fr. 60 recouvrée . . . . 228 fr. 60

La dépense totale s'est élevée à . . 4.564 fr. 98

Le service de ces 46.441 portions a donc coûté à la ville neuf centimes un millième la portion.

CHAPITRE X

Foudation des filles à marier.

Cette question a déjà été traitée d'une façon très détaillée par M. Fernand Bournon, ancien archiviste de la ville de Saint-Denis.

Nous prions les lecteurs de ce petit livre de vouloir bien se reporter à la brochure de M. Bournon, ayant pour titre « Les Rosières de Saint-Denis ».

Nous allons simplement ici donner un résumé très-succinct de la double fondation de Dom Belloy de Francières et de Louis-Pierre Fleury.

Rosières de 1648.

Fondation Dom Belloy de Francières.

En 1648, Dom Belloy de Francières, religieux de l'abbaye de Saint-Denis, maître administrateur de l'hôtel-Dieu, fit le 5 mars de ladite année, un acte pardevant Jean Hiret greffier et tabellion au bailliage de l'aumosne de Saint-Denis en France. aux termes duquel, il instituait 3 rosières, constituait une rente de 450 livres placée en terres pour doter et marier ces 3 rosières, tous les ans, le 2 février jour de la Chandeleur.

Les conditions imposées étaient celles-ci :

1° Le mariage devait être religieux.

2° Les jeunes filles devaient être choisies pauvres, nécessiteuses, natives de Saint-Denis ou qui y auraient demeuré pendant 5 ans.

Les biens de la fondation ont actuellement augmenté de valeur et aujourd'hui chacune des rosières reçoit comme dot, une somme variant de 7 à 800 francs.

Les jeunes filles sont choisies après enquête par MM. les administrateurs du bureau de bienfaisance.

La dot ne doit être payée qu'après la cérémonie religieuse.

Rosière de 1891

Fondation Fleury

Le premier janvier 1891, décédait à Saint-Denis un bienfaiteur de la ville, M. Louis-Pierre Fleury, en son vivant propriétaire, demeurant rue Saint-Rémy n° 5, ancien administrateur du bureau de bienfaisance.

Par son testament en date du 20 décembre 1885 déposé le 2 Janvier 1891, au rang des minutes de Me Son Dumarais notaire à Saint-Denis, M Fleury léguait au bureau de bienfaisance de Saint-Denis, 800 francs de rente sur l'État Français 3 0/0, avec stipulation que la dite rente serait nominative et que les arrérages seraient employés chaque année à doter une jeune fille qui devrait se marier le 2 février en même temps que les jeunes filles qui profitent du legs fait par Dom Belloy de Francières.

La jeune fille doit être choisie par les administrateurs du bureau de bienfaisance, elle doit avoir au moins 18 ans, être native de Saint-Denis ou habitant cette ville depuis 5 ans au moins.

La jeune fille choisie portera en écharpe sur sa robe blanche le jour de son mariage deux mètres de ruban de soie bleue ayant au moins 4 centimètres de largeur.

La dot de 800 fr. lui est payée, savoir :

500 fr. après la cérémonie religieuse, car de même que pour la fondation Dom Belloy de Francières, le mariage doit être religieux.

Et 300 fr. le 16 août suivant, mais après avoir justifié par un certificat du conservateur du cimetière de Saint-Denis qu'elle aura apporté sur la tombe de M. Fleury autant que possible le jour même du 15 août, une simple couronne d'immortelles jaunes sur laquelle elle mettra l'inscription que bon lui semblera.

L'exécuteur testamentaire de M. Fleury est M. Devinoy ancien adjoint qui, tous les ans, le 2 février, depuis la fondation, conduit une rosière.

Choix des rosières

Les jeunes filles qui désirent être choisies comme rosières doivent se faire inscrire au bureau de bienfaisance du mois de juin au 31 octobre inclus. Passé cette date aucune demande ne peut plus être accueillie sous quelque prétexte que ce soit. Après enquête MM. les administrateurs désignent les plus méritantes.

Célébration du mariage des rosières.

Le deux février, chaque année, c'est jour de grande fête à Saint-Denis.

Les 4 rosières sont conduites de l'hôpital à la Mairie par MM. les administrateurs du bureau de bienfaisance.

Après le mariage civil, M. le Maire les Adjoints, les représentants de l'Armée, conduisent les Rosières de la Mairie à la Basilique (où depuis 1896 le mariage religieux est célébré) pour les ramener ensuite à l'hôtel de Ville où le receveur municipal

dans de mignons porte-monnaies offerts par le bureau de bienfaisance remet à chacune des mariées
~~la dot~~ auquel elle a droit.

le don

Dots non employées.

Au cas où quatre jeunes filles ne seraient pas désignées à l'époque ou le choix des rosières a lieu, les dots non employées sont versées à l'hôpital, conformément aux volontés des testateurs.

Biens de la Fondation des filles à marier.

Actuellement la fortune de la fondation des filles à marier se compose d'un titre de 395 francs de rente 3 0/0 et des immeubles suivants d'une contenance totale de 6 hectares 46 ares un centiare qui sont loués annuellement 2.445 francs.

NUMÉROS	NATURE	CONTENANCE	SITUATION	PRIX ANNUEL des baux
		H. A. C.		
1	Terre	65 07	La Courneuve	161 »
2	—	17 08	Saint-Denis	425 »
3	—	63 41	La Courneuve	201 »
4	—	67 59	—	246 »
5	—	67 59	—	205 »
6	—	59 80	—	241 »
7	—	34 18	—	125 »
8	—	51 10	—	165 »
9	—	33 51	—	36 »
10	—	35 60	—	148 »
11	—	34 18	—	93 »
12	—	58 19	—	156 »
13	—	13 11	—	60 »
14	—	18 19	—	61 »
15	—	27 51	—	65 »
TOTAL.....		6.46.01		2.445 »

Le budget de la fondation des filles à marier s'établit comme le budget du bureau de bienfaisance, il a son budget primitif et son budget supplémentaire.

Le total des recettes est d'environ 2.700 francs.
Les dépenses comprennent les 3 dots
    à 700 fr. soit . . . . 2.100 fr.
Le surplus est employé à payer les frais
    de contrat, d'alliances, employés
    et divers frais pour la cérémonie du
    deux février . . . . 600 fr.
           TOTAL ÉGAL . . . . 2.700 fr.

Bienfaiteurs.

D'après les explications qui ont été données dans cette petite brochure en suite de chaque article du budget, on voit que la fortune du bureau de bienfaisance de Saint-Denis y comprise celle de la fondation des filles à marier, provient uniquement de dons et legs faits par les bienfaiteurs : Dom Belloy de Francières, Giot, Fontaine, Haguette, Lorget, Lasalle et Louis-Pierre Fleury.

La ville de Saint-Denis et le bureau de bienfaisance ont accepté ces différents legs, et par le fait de cette acceptation se sont engagés à respecter les conditions imposées par les donateurs.

Jusqu'alors les volontés de ces donateurs ont été respectées, mais il faut reconnaître qu'actuellement, au commencement de ce vingtième siècle, dans lequel nous venons d'entrer, il y a tendance de la part des élus du suffrage universel qui sont appelés à être les exécuteurs de ces volontés à vouloir passer outre à certaines dispositions testamentaires.

Certes, il n'y a là rien que de très naturel étant donné les idées nouvelles, mais le fait de ne tenir compte que d'une façon relative de quelques-unes de ces dispositions testamentaires pourrait avoir des inconvénients graves.

Comme il est dit plus haut, tous les bienfaiteurs du bureau de bienfaisance en faisant des donations ou des legs ont imposé certaines obligations persuadés qu'elles seraient respectées.

Si un instant seulement ils avaient supposé le contraire, il est de toute évidence qu'ils se seraient abstenus de faire aucune libéralité.

Il ne faut pas fermer la porte à ceux qui veulent faire le bien sous certaines conditions raisonnables, c'est aux Villes, aux bureaux de bienfaisance de refuser les libéralités, si elles ont l'intention de ne pas se conformer aux conditions suivant lesquelles elles sont faites; mais si elles acceptent, elles doivent se conformer scrupuleusement aux volontés des donateurs.

Les conseils municipaux de la ville de Saint-Denis qui se sont succédé jusqu'à ce jour ont donné, à certaines rues de la ville, les noms de différents bienfaiteurs.

Nous avons les rues : Fontaine, Haguette, Lorget et Louis-Pierre Fleury.

Les rues avec les dénominations de : Dom Belloy de Francières, Giot, Lasalle, n'existent pas.

FIN

TABLE DES MATIÈRES

Saint-Denis. — Imprimerie Générale, 83, Boulevard Carnot.

www.ingramcontent.com/pod-product-compliance
Lightning Source LLC
Chambersburg PA
CBHW070858280326
41934CB00008B/1486